よくわかる民事裁判
——平凡吉訴訟日記
〔第4版〕

山本和彦 著

有斐閣選書

第4版まえがき

　この本は，1999年7月に初版が刊行された後，2005年4月に第2版が（さらに2008年8月に補訂版が），さらに2018年11月に第3版が刊行されましたが，幸いにも多くの読者の手にとっていただくことができました。ただ，この本の出版後，民事裁判を取り巻く状況は大きく変化してきました。初版では新たに制定された現行民事訴訟法の状況を，第2版（及び補訂版）では司法制度改革後の民事司法の新たな状況を取り上げ，第3版では事件数の量的減少・質的困難化など新たな課題を生じている民事裁判の姿や民事執行の改革の動きなども伝えました。

　第3版出版から約4年半を経て，今回の改訂の中心的テーマは民事訴訟手続のIT化に関する2022年の民事訴訟法改正（令和4年改正）です（新たに第9章を追加しました）。今回の改正は，直接には2017年に内閣官房に設置された「裁判手続等のIT化検討会」が民事訴訟の全面IT化を提言したことに端を発し，その後，法制審議会に「民事訴訟法（IT化関係）部会」が設けられて，具体的な法改正を提言したことを受けたものです（全面施行は2025年度になる予定）。著者自身，上記検討会や部会の座長・部会長を務めたもので，今回の改正には深い思い入れがあります。ただ，IT化は手段にすぎません。本当の目的は，IT化を活用して，利用者にとって利用しやすい民事訴訟を実現することです。その

ような観点で，改正法下の新たな民事訴訟を見つめていきたいと思っています。

　エピローグでは2060年の民事裁判について，（著者の期待も含めて）引き続き将来の予測を試みています。技術発展の行方は予測がつきませんが（ひょっとすると，本当にAIが裁判をしているかもしれません），一民事訴訟法学者の夢想としてお読みいただければと思います。初版の刊行からは約四半世紀が経ったわけですが，初版の「エピローグ」で扱った2025年の社会は，今目睫の間に迫っています。そこでの著者の「予言」は当たったものもあれば大きく外れたものもありますが，目指すべき理想の民事裁判の姿に大きな違いがあるとは思われません（そのまま，今回の2060年の予想にスライドしているものもあります）。この本を著した大きな動機であった，21世紀の規制緩和の進む社会の中で，民事裁判の占める重要性が増していくという予測・期待も変わるものではありません。引き続きこの本が民事裁判の全体像を鳥瞰するための見取り図として活用されることを期待しています。

　第4版の執筆にあたっても，引き続き，有斐閣書籍編集部の佐藤文子さんに全面的にお世話になりました。四半世紀にわたる佐藤さんの助言と協力がなければ，「IT化に驚く平凡吉」も決して実現はしなかったでしょう。厚く御礼を申し上げます。

　　2023年1月

　　　　　　　　　　　　　　　　　　　山 本 和 彦

まえがき

　この本は，民事訴訟の手続の全体像をできるだけビビッドに理解していただくことを目的としています。一般に法律はわかりにくいというイメージがあります。そのなかでも，裁判となると，普通の人はまず自分には関係のないむずかしいことだと思っていることでしょう。しかし，仕事の中で，日常生活の中で，普通の人が裁判に関わる場面は増えてきていますし，これからはもっと増えていくことでしょう。また，実際に裁判の当事者となることはないとしても，21世紀の規制緩和が進む社会の中では，裁判の占める重要性は増していくばかりで，日本社会のあり方を理解する基本的な知識・常識として，裁判の理解が不可欠になってくることでしょう。

　ただ，そうだからといって，基礎知識のない人がすぐに民事訴訟法の教科書を読んでみても，その内容を直ちに理解することはほとんど不可能でしょう。この本は，そのような方々のために，とりあえず民事裁判の全体像をわかりやすく理解してもらうことを主な目的とするものです。この本は，有斐閣の『書斎の窓』の453号から462号まで1年間，合計10回にわたり連載した『平凡吉の訴訟日記／手に取るように分かる民事裁判』をもとにしたものですが，分量を増やして民事保全や強制執行の手続なども対象としたほか，内容も新民事訴訟法の施行にあわせて，大幅に加筆訂正しています。

この本の特徴として，第1に，各章を2部に分けている点があります。第1部では，土地明渡訴訟の被告とされた平凡吉という平凡な一市民が偶然つけていた民事訴訟に関する日記をそのまま掲載するという形をとっています。これによって，普通の人の目を通して民事裁判の具体的な進み方をわかりやすく理解しようとするものです。そして，各章の第2部では，平凡吉の日記を2025年に発見した，凡吉の甥で元弁護士の平凡太郎が解説する形をとっています。これによって，第1部で得られた具体的なイメージをもとにして，もう少し詳しく，より正確に民事裁判の手続を理解しようとするものです。

　第2に，普通の民事訴訟法の教科書とは違って，民事裁判の具体的な進み方の理解を第1に考えている点があります。そのために，通常の民事裁判の理解に必要なことがらに記述を絞って，教科書などでは詳しく論じられる訴訟の基本的原則や特殊な場合のルールなどについては，あまりふれていません。逆に，民事裁判の全体的な理解に不可欠な民事保全や民事執行の手続についても，最小限の解説をしています（なお，民事裁判の基礎となる裁判制度全体のイメージについては，市川正人＝酒巻匡＝山本和彦『現代の裁判』（有斐閣アルマ・1998年，第8版・2022年）をぜひ読んでみてください）。

　第3に，本文の随所にコラムを入れて，読者の息抜きとするとともに，裁判のイメージを得ることができる話題や最新の問題状況を示すような話題を入れています。

　この本が読者対象として予定しているのは，民事裁判に興味のあるすべての人です。法学部の学生の皆さんのなかで，これから民事訴訟法の講義をとって勉強しようとしている人には，講義を

聴く前にとりあえずこの本を読んでもらえれば，と思います。民事訴訟法の講義が「よくわかる」ようになるはずです。また，民事訴訟法の講義を聴いても，具体的な裁判のイメージがもう一つつかめないという人にも，一読をお勧めします。この本を読んでいるうちに，いくつかの疑問が氷解して，民事訴訟法の理解が進むのではないかと期待しています。司法試験を受験しようとするような人には，この本は物足りないかと思いますが，受験勉強の息抜きをしながら，民事訴訟法の知識を深めるという一石二鳥の使い方も可能ではないかと思います。

　また，大学の法学部以外の学部の皆さん，また大学の講義とはとくに関係なく，自分が民事訴訟の当事者となって裁判のことを知りたいと思った人や，法律のことはよくわからないけれども新聞記事やテレビのニュースを見て裁判に興味をもった人などにも，ぜひこの本を読んでもらいたいと思っています。その場合，第2部の解説の部分が難しいと思われれば，とりあえず第1部の平凡吉の日記の部分だけを通して読んでみてください。そして，興味をもてるような部分について，解説やコラムを拾い読みしてみてください。そうすれば，民事裁判の最小限の理解は得られるはずです。

　民事訴訟法は難しいものと言われます。民訴でなく，眠りの素，「眠素」と呼ばれて，すでに何十年も経っています。しかし，裁判が実際の人間の実際の紛争を取り扱うものである以上，決して退屈なものであるはずがありません。私も裁判所で多くの事件を傍聴し，事件の記録を見たことがありますが，個々の事件を退屈だと感じたことはありません。退屈なのは民事訴訟法の責任であ

り，民事訴訟の責任ではないはずです。この本では，民事訴訟法の議論の詳しさや正確さを多少犠牲にしても，何とか少しでも私の感じる民事裁判の面白さを伝えたいと思いました。この本を読んでほんの少しでも民事裁判を面白いと思い，興味をもって頂ければ，著者としてこれほどの幸せはありません。

1999 年 6 月

山 本 和 彦

目　　次

著者紹介

山 本 和 彦（やまもと　かずひこ）

　1961 年生まれ
　1984 年　東京大学法学部卒業
　現　　在　一橋大学大学院法学研究科教授

〈主要著書〉
『フランスの司法』（有斐閣，1995 年）
『民事訴訟審理構造論』（信山社出版，1995 年）
『民事訴訟法の基本問題』（判例タイムズ社，2002 年）
『国際倒産法制』（商事法務，2002 年）
『Q&A 民事再生法（第 2 版）』（共編著，有斐閣，2006 年）
『民事訴訟法の論争』（共著，有斐閣，2007 年）
『ブリッジブック民事訴訟法入門』（信山社出版，2011 年）
『倒産法制の現代的課題』（有斐閣，2014 年）
『担保，執行，倒産の現在』（共編著，有斐閣，2014 年）
『菊井＝村松原著　コンメンタール民事訴訟法Ⅰ〜Ⅶ』（共著，
　日本評論社，Ⅰ（第 3 版）2021 年，Ⅱ（第 3 版）2022 年，Ⅲ
　（第 2 版）2018 年，Ⅳ（第 2 版）2019 年，Ⅴ（第 2 版）2022 年，
　Ⅵ 2014 年，Ⅶ 2016 年）
『ADR 仲裁法（第 2 版）』（共著，日本評論社，2015 年）
『民事訴訟法の現代的課題』（有斐閣，2016 年）
『民事訴訟法（第 7 版）』（共著，有斐閣，2017 年）
『倒産処理法入門（第 5 版）』（有斐閣，2018 年）
『ADR 法制の現代的課題』（有斐閣，2018 年）
『民事執行・保全法（第 6 版）』（共著，有斐閣，2020 年）
『現代の裁判（第 8 版）』（共著，有斐閣，2022 年）
『解説 消費者裁判手続特例法（第 3 版）』（弘文堂，2023 年）

プロローグ

──2060年：ある日記の発見──

　2060年3月のはじめ。まだ肌寒い気候の続く頃，私，平凡太郎は，長年住み慣れた街を引き払い，地方のある村に引っ越しをしようと準備をしていた。

　長く続いたAI好況も終わりを告げつつあったが，幸い伯父がかつて買い取り，その後に私が購入して住んでいた土地と建物は比較的高い値段で売り払うことができた。また，私の弁護士としての25年ほどの生活のなかで作ることのできた蓄えもそれなりにあったので，幸い地方ではかなり広い土地を買うことができた。

　法科大学院制度の復活や司法試験合格者の再増員で，弁護士の人数は急激に増加し，また，まるで大企業のようなアメリカの大弁護士事務所が物すごい勢いで日本に進出してくるなか，私はたった1人で昔ながらのやり方に従って事務所を経営してきたが，競争にはもうつくづく疲れ果ててしまっていた。そこで，法律事務所を引き継いでくれる後継者を得られたことを機として，老後は田舎で田畑でも耕しながら晴耕雨読というゆったりした生活を送りたい，というかねてからの目論見を果たすことにし，ある農村に，見晴らしのよい住居とともに，若干の田畑を購入することにしたのである。

　そこで，4月からの新たな生活に対する大きな希望と少しの不安を胸にしながら，旧い家の整理にとりかかっていた。とはいっ

I

ても，この家に住んでからもすでに 20 年近くが経ち，片づけて
みると，何やかや自分でも忘れていたような物も出てきて，荷物
の整理は難渋を極めていたのである。

　そのようななかで，物置の奥のほうにしまい，長年開けられる
こともなかったある段ボール箱にふと気がついた。どうやら伯父
の遺した荷物が忘れられてそのままになっていたようである。開
けてみると，中からは，伯父の趣味であった釣りの雑誌や伯母の
付けていた古い家計簿などいろんな物があふれ出てきた。やれや
れ……と思いながらも，中の物を整理していると，1 冊のノート
が目についた。その古びてもう黄色くなってしまった表紙には，
「平凡吉訴訟日記」という表題が見えた。そう，平凡吉というの
は，もう 20 年ほども前に亡くなった私の伯父のことである。そ
の伯父が亡くなった後，当時外国に住んでいた伯父の娘（私の従
姉妹）から甥である私がこの家を購入することになり，移り住ん
できたのである。職業柄，「訴訟」という言葉を聞いても普通の
人のようには驚きはしないが，「訴訟日記」とは……。そういえ
ば，ずいぶん昔，この家の立ち退きを当時の地主から求められて，
裁判沙汰にまでなったというような話をどこかで聞いたことがあ
るのを，私は微かに思い出した。たしかあのときは，私の大学の
ゼミの先輩である秀山優一弁護士に事件を依頼したという話であ
ったが……。

　それにしても，「訴訟日記」とはいったい何なのであろうか。
私は好奇心半分で，その古くなったノートを，バラバラにならな
いように気をつけながら，そっと広げてみた。そこには，
2021 年 3 月 29 日の日付で，次のようなことが書かれてあった。

3月29日（月）晴れ

　いよいよ明日はこの訴訟のすべてが決まり，私の運命もすべて決まってしまう判決の言渡しの日だ。そう思うと，ビール2本にウイスキーをストレートでさらに3杯飲んだのに，まだ目が冴えてどうしても眠れない。しかたがないので，いままでのことを思い出しながら，この日記を書くことにした。

　思えば，事の始まりはもう2年も前のことになる。金に目が眩んだこの土地の地主，金田金造が藪から棒に立ち退きを求めてきた。最初は地代の値上げとかも言っていたが，その本音は，私をここから立ち退かせ，その跡地に高層のマンションを建て，自分はその最上階に住みながら，息子の金一に下の階で医院を開業させ，さらにマンションの貸部屋の家賃で安穏とした老後を送ろうという腹だったのだ。しかし，こっちは生まれてこの方ずっとこの街で暮らしてきたのに，いまさらここから追い出されては，この街で代わりの住まいを見つけることは簡単にはできそうにもなかった。そこで，立ち退きを断ったら，後は信じられないことの連続で，ついには裁判の被告にまでされてしまったのだ…。

　いま思えば，本当にいろいろなことを経験した。これまでは，法律のホの字にも縁のない真っ当な暮らしを送ってきたのに，まさかこの年齢になって弁護士先生や裁判所のお世話になろうとは…。内容証明郵便というのが最初に送られてきたときの衝撃，弁護士を探すために駆けずり回ったときの焦り，調停手続というので最初に裁判所の門をくぐったときの緊張感，最初の口頭弁論というのに行ったときに感じた呆れ，当事者尋問で自分の言いたいことが言えたときの爽快さ，和

解の期日で相手方の話が終わるのを裁判所の廊下で待ってい
たときの不安…。

　さまざまな感情や出来事が走馬灯のように頭をよぎっては
消えていく。しかし，それらもすべて明日限りだ。長かった
裁判もやっと終わり，明日はついに判決の言渡しの日なので
ある。吉とでるか，凶とでるか，まさに試験の発表でも待つ
気分である。ただ，秀山先生には本当によくしてもらったし，
自分としてもできる限りの最善を尽くしたという思いはある。
いまはただただ祈るだけである。

　私は時の経つのも忘れて，伯父が遺してくれた日記を最初から
最後まで一気に読み終えてしまった。気がついたときには，もう
早春の短い日はすでに西に傾きかけていたが，しばらくは自分が
どこにいるのかも忘れ，ただただ呆然としていた。いつ会っても
酒を飲んだくれて，伯母さんから文句ばかり言われていた，あの
凡吉伯父さんがこんな苦労をしてこの土地建物を守り，それにこ
んな日記を遺していたなんて……。そして，この日記の中には，
まだ若く当時司法試験を受験中であった自分のことも書かれてい
たのである。

　そうか，あのとき，凡吉伯父さんが，続けて司法試験の受験に
失敗して，もうあきらめかけていた自分を励ましてくれたのには，
実はこんな訳があったのか……。ついに試験に合格した時の私の
感激や凡吉伯父とのさまざまな出来事が，鮮やかに私の頭の中に
蘇っては消えていった。そして，いままさに，そのように苦労し
て手に入れた弁護士の職を捨て，田舎に隠棲しようとしている自

らの身の上に思いを致し，私は大きな感慨を覚えたのであった。

　この日記は，いまから40年近く昔のごくありふれた民事訴訟の進み方を法の素人である普通の人が観察したものとして，期せずして貴重な記録になっているように思われる。そこで，私は，この55歳という年齢になって初めて「民事訴訟」という「未知との遭遇」を果たした平凡吉伯父の「驚愕」の記録の一部をまとめて，この際公にすることを思い立ったのである。ただ，日記だけではその意味が必ずしも明らかではないところもあるので，法律の専門家である私が，田畑仕事の合間に，必要な部分を抜粋し（少しは私の想像も入れてまとめた部分もあるが），また専門的な立場から，若干の解説を書き加えていくということにしたいと思っている。

　たしかにこれは大昔の記録ではあるが，民事訴訟の本質は幸か不幸か当時とあまり変わっているようには思われず，2060年の現在でも裁判所でやっていることは，まずほとんど同じである（現在変わっている点はエピローグでふれている）。外形的には，ホログラムで証人が登場して証言したり，証言の内容が音声自動変換システムでリアルタイムで記録化されたり，さまざまの変化がある。また，裁判のIT化も定着しているが，すでにその一端はこの日記の中でも取り扱われている。その意味で，この記録は，これから訴訟を起こそうとしている人々，また民事訴訟の制度に関心がある人々にも大きな参考となるように思われる。

　この記録が，平家のみならず，広く世の人々に役立つものとなることができれば，凡吉伯父の遺志にも適うことであろう。思えば，私が法律の世界でこれまで生きてこられたのも，あのときの伯父の激励があったればこそであり，伯父がそのような思いを抱

いたのはまさにこの訴訟に巻き込まれたことが原因であったとすれば，これは私から伯父へのささやかな恩返しでもある。

凡吉伯父さんへの感謝を込めて

平　凡　太　郎

　追記：なお，私の付した解説は，臨場感を出すために，2020年頃の状況を基礎としている。したがって，この本を読んだ方が，仮にタイムマシーンを持っていたら，その時代の日本で訴訟を起こすこともできるようになっている。この2060年の現在における民事訴訟の様子は，最後のエピローグのなかで簡単に示しておいた。どうかお楽しみに。

1 裁判を始めるにあたって
──裁判所へのアクセスのために──

●平凡吉，裁判所で驚く●

　私，平凡吉55歳。これまで，名前のとおり，平々凡々た
るサラリーマン生活を送り，おかげでお国のご厄介になるこ
ともなく，まずは平穏無事に暮らしてきた。ところが，この
たび，ひょんなことから地主に言いがかりをつけられ，訴訟
とやらに巻き込まれ，ついに裁判所の門をくぐるような羽目
になってしまった。平凡吉，一生の不覚である。ただ，「転
んでもただでは起きるな」という平家伝来の教えに従い，こ
の貴重な（？）経験を子々孫々まで伝え，一族の秘伝として
守っていくため，この訴訟の記録を残しておくこととしたも
のである。これを開く我が子孫は，心してこの記録を読むよ
うに。

　さて，まずは，最も印象深いところで，第1回目の口頭弁
論とかいう，裁判所での最初の儀式に出たときの秀山優一弁
護士とのやりとりから。

　「先生，あそこの壇の上に座っている人が裁判官さんです
かい」

　「そうですよ」

　「あの右手に座ってる女の子は手伝いの人か何かですか」

　「いやいや，あの人も裁判官ですよ」

　「ええっ，嘘でしょ。ありゃあ，どう見てもうちの娘くら
いにしか見えませんぜ」

「そうですね，あの人は司法研修所の70期のはずだから，たしか27〜28歳くらいじゃなかったかな」

そのとき，「令和2年（ワ）第108号事件」という呼び声が聞こえ，秀山先生がおもむろに立ち上がった。

「先生，私らの番ですかい」

「そうですよ。いまのがわれわれの訴訟の事件番号なんです」

私と秀山先生は，裁判官が座っている壇の前の向かって右側にある席についた。正面には胸に金バッジを光らせた，若くていかにも頭の切れそうなやつが座っている。その顔には見覚えがある。たしか若井とかいう名前の弁護士で，前に調停に出たときに金田を代理していたやつだ。今度もまたこいつが相手か…。地主の金田自身はまだ出てきていないようだ。あの馬鹿，この大事な集まりに遅れてきやがって…と腹の中で嘲っていると，壇の真ん中に座っている裁判官が口を開いた。

「それでは，令和2年（ワ）第108号事件の審理を始めます。まず，原告は訴状を陳述しますね」

「はい」と，正面の金バッジが起立して応える。最初の集まりなので，まずみんながそれぞれ一応の自己紹介をするのだろうと考えて，紹介の文句まで考えてきていた私は，裁判官が何の前置きもなく本題に入ったので少し戸惑った。

「被告は答弁書を陳述しますね」

「はい」と，今度は秀山先生が立ち上がって応じる。答弁書というのは，たしかこの間先生と相談しながら作った文書のことだろうな…などと考えている暇もなく，裁判官が

「それでは，原告側は次回の期日までに，賃貸借契約の解

除事由および解約の正当事由について，もう少し詳しい事実関係を記載した準備書面を提出して準備してください。そういうことでよろしいですか」

　向こうとこちらで同時に「はい」と応じる。

　「それでは，次回の期日ですが…。4月9日ということでどうですか」

　「その日は弁護士会の人権委員会で，私が報告の担当なものですから…。申し訳ありませんが，差し支えです」と金バッジ。

　「4月16日は」

　「その日は他の事件の期日が大阪地裁で入っていますので…」と秀山先生。

　「4月23日はどうですか」

　「結構です」また，両方の弁護士が同時に応じた。

　「それでは，次回期日は4月23日の10時からということにしたいと思います。今日の審理はこれで終了します」

　私は何のことだか訳がわからず，しばらく呆然として席に座ったままであったが，秀山先生はさっさと風呂敷に荷物をまとめて，席を立っていった。そして，代わりに，次の事件の弁護士らしい人がこちらに向かって歩いてきたので，私もしかたなく席から立ち上がった。法廷を出た後で，私はさっそく秀山先生に聞いてみた。

　「それで，本式の裁判はこれから別の場所でやるんですかい」

　「いやいや。あれで今日の裁判は終わりですよ」

　「何ですって。まるっきり何にもやらなかったじゃないですか」

「あの場ではね。でも，事前に書面でお互いの言い分を言い合っているから，あそこではそれを確認するだけなんですよ」

「そういうもんですかい…。それで，次は4月の23日とかいうことでしたが…。今度はちゃんとした裁判をやってくれるんでしょうね」

「いや。たぶん次回も同じようなことでしょう。だから，前にも言ったように，しばらくの間は平さんが出てきてもあまりしようがないんですよ」

「それじゃ，もう少しさっさとやってくれてもよさそうなもんですが…。4月23日といや，まだ1カ月以上も先ですぜ」

「まあ，そう思われるのも無理はないですが，裁判所のほうも事件をいっぱい抱えていて，忙しいですからね。なかなかそういうわけにもいかないんですよ」

私はもう何も言う気にならず，黙り込んでしまった。この訴訟に負けると，私はいま住んでいる家から追い出されてしまう。そうなると，私の給料では，この街で暮らしていくことはもう難しいであろう。しかし，この街は私が子供のころから慣れ親しんできた私のたった1つの「故郷」なのである。いわばこの裁判は私の故郷を守る戦いなのである。それがあんないい加減なやり方で白黒をつけられてしまうのかと思うと，暗澹たる気持ちでいっぱいであった。もうすべてを投げ出したくなった。その夜，私は一升瓶を空けて女房に八つ当たりしたことをいまでもよく覚えている。

ただ，その後の裁判では，弁論準備手続とやらいうやり方で私の言い分を裁判官がよく聴いてくれることもあったし，

当事者尋問とかいうのでは，法廷で自分の言いたいことが言えた。だから，あのとき投げ出してしまわなくて本当によかったのだが，それは後になってから初めてわかったことである。経験はやはり大事である。私がこの手記を子孫に遺そうとするのは，こういうわけからなのである。

第1回口頭弁論／裁判所紹介，民事裁判の概要

　民事訴訟は，原則として，口頭弁論という裁判所での期日を積み重ねて審理が行われていきます。そこで，当事者がまず最初に裁判所に赴くのは，第1回の口頭弁論の期日ということになります。第1回期日では，普通は原告の訴状や被告の答弁書が陳述されるだけで，実質的な審理には入らないことが多いのです。とりあえず，被告が本当に争う気があるのかどうかを確かめることが重要だからです。被告が欠席したり，原告の言い分をそのまま認めたりすれば，裁判所は，原告の主張する事実をそのまま正しいものとして認め，原告全面勝訴の判決を言い渡すことになります。ですから，まず被告が争う姿勢をみせることを確認して，実質的な審理という次のステップに進もうというわけです。

❧裁判所ってどんなとこ？

　第1回期日に出るためには，まず裁判所の建物に行かなければなりません。しかし，買い物帰りや勤め帰りにちょっと裁判所によっていこうという人はまずいませんから，多くの人にとっては，自分が訴訟の当事者になるまでは，裁判所には行ったこともない

というのが普通でしょう。裁判所は，多くの街では，県庁や市役所などがある官庁街の一画にあります。ただ，家庭裁判所，簡易裁判所，地方裁判所などの建物が別々になっていることも多いので，自分の行く裁判所がどの裁判所なのかをまずちゃんと確かめておくことが大切です。

　裁判所の建物の大きさは，場所によって全然違います。東京地方裁判所（これには高等裁判所なども入っていますが）のように，地上18階の大きなビルもあれば，地方の支部の裁判所などではまるで公民館のような小さな建物の場合もあります。ただ，何となく近づきにくい雰囲気を漂わせているところは，どこも同じようなものです。しかし，中に入っていったからといって注意をされたり，誰何を受けたりするというようなことは決してありませんので，安心して入ってみてください（ただ，東京地裁など大きな裁判所では，手荷物検査がされていることがありますが，これは空港などでの不審物の検査と同じようなもので，別に用事などを聞かれるわけではありません）。不安であれば，前の日にでも下見に行って，他の人の事件を自由に傍聴することもできます。裁判所の建物の中に入ると，掲示やタブレットの案内がありますので，呼出状などで指定された法廷がどこにあるのかを確かめることになります。また，受付に座っている人に場所を聞いてもよいでしょう。

🈟判所の食堂

　　裁判所にも食堂はあります。大きな裁判所では，だいたい地下にあることが多いようです。ただ，食事時には一般にたいへん混み合っていますし，また味にもかなりバラつきがあるようです。1時すぎに口頭弁論期日が指定されている場合などには，やはり町中でまず食事を済ませていくのが無難でしょう。

✿法廷にいる人たち

　口頭弁論のために指定された**法廷**に入ってみますと，平凡吉が書いているように，法廷の部屋は奥の部分が50 cmくらい高くなっています。この高くなっている部分のことを法壇といいます。最近では，法壇がないラウンドテーブル法廷とよばれる法廷もありますが，これについては争点整理の章（第8章）であらためてふれることにしましょう。

　法壇の机に向かって裁判官が座りますが，事件によって，3人が座る場合（**合議体**）と1人だけの場合（**単独体**）とがあります（なお，民事訴訟法では，複雑困難な大規模事件については，5人で合議体を組めるという特則がありますので，公害事件などでは5人が並ぶこともありえます）。地方裁判所の民事訴訟では，1人の裁判官の単独体によって審理されるのが原則です（9割以上の事件が単独体で処理されています）。3人構成の合議体の場合には，中央に座っているのが裁判長です。そして，傍聴席から向かって左・裁判長の右手の側に座っている裁判官を**右陪席裁判官**，同じく向かって右・裁判長の左手の側に座っている裁判官を**左陪席裁判官**とよびます。

　裁判長はおおむね50年配のベテランの裁判官で，3人（またはそれ以上）の裁判官で構成されている裁判部の**部総括裁判官**であることが普通です。右陪席は30代から40代の中堅裁判官であり，左陪席は任官5年未満の比較的若い判事補で，平凡吉が驚いていたように，20代の裁判官であることも少なくありません。裁判官は，司法試験に合格した後，1年の司法修習を終えると直ちに裁判官の職に就くのが普通ですので，法科大学院修了直後に司法試験に合格した人であれば，25〜26歳くらいで裁判官になる人

法廷の模様 　　　　（毎日新聞社提供）

もいるわけです。これに対して，たとえばアメリカなどでは，裁
判官になるにはまず弁護士としてある程度活動の実績を残すこと
が必要とされるために，それほど若い裁判官はいないようです。

　目を下に転じますと，法壇の下の座席に1人で座っているのが，
裁判所書記官（通称，書記官）です。審理の記録をとるのがその
仕事です。事件の記録を法廷に持ってきて，事件番号を読み上げ，
該当する記録を法壇の裁判官（裁判長）に手渡します。それから，
これは第1回の期日には普通はいませんが，証人尋問などを行う
ときには，書記官の隣の席に**裁判所速記官**が座っていることもあ
りました。証言の内容を速記という特殊な技術で記録に留める仕
事をする人です。ただ，速記官という職業は，廃止が決定されて
いまして，2060年の時点ではもう見かけることはありません。
いまでは，証人の証言もコンピュータに直接音声入力されるのが
普通になっています。場合によっては，奥の席に司法修習生が座
っていることもあります。第10章などで説明する法律家の見習
いですが，裁判所の実務の研修を受けているときには，法廷に出
てくるというわけです。

　　　ここで説明したのは，もちろん日本の法廷の模様ですが，法廷のあり様は国によってかなり違います。アメリカなどでは，映画などでお馴染みの陪審員の席がありますし，ドイツやフランスなどでは，普通の民事の裁判では書記官は法廷におりませんで，裁判官だけが出てきます。また，フランスの刑事の裁判では，検察官が法壇に上って被告人を見下ろしています（日本でも戦前はそうだったようです）。

　裁判官は裁判官としての任務を遂行する際には，必ず法服を着用することになっています（書記官も同様で，職服という裁判官と同じような制服を着ます）。法服は黒色で，女性用の法服（最近は女性裁判官が増えています）にはスカーフが付いています。このような法服の色やデザインについては，それを定める最高裁判所の規則および通達があり，全国一律に決まっています。黒の法服は，何物にも染まらない裁判官の中立性・公正性を象徴するものであるとされ，欧米でもやはり法服は黒のところが多いようです。ただ，フランスやドイツなどでは厳粛な法廷ではむしろ赤の法服を着用しますし，イギリスなど法服のほかにかつら（ウィグといいます）を被る伝統がある国もあり，各国で威儀を正す際の慣行はさまざまです。なお，裁判官の任務に関わる場合でも，法廷以外で行われる弁論準備や和解の期日などの席では，裁判官も法服は着用せず，スーツなど普段着姿のまま，くだけた雰囲気のなかで，審理が進められています。

　また，弁護士はやはりその職務の遂行に際し，弁護士バッジを襟に着用するのが原則です（日本では弁護士には法服はありませんが，欧米では弁護士も法服を着るところが多く，裁判所中黒服の人だらけで，

裁判官も弁護士も書記官も見分けがつかないことがあります）。弁護士バッジは銀に金メッキをしたものですが，ベテラン弁護士のバッジは長年の利用で表面の金メッキがはがれ，銀の地がむき出しになっていることが多いようです。ですから，平凡吉の相手方の若井弁護士は，その金バッジの輝きぐあいから，（名前のとおり）まだ若手の弁護士であることが推測されます（このような「銀バッジ」は弁護士の経験の長さの象徴でもあり，ベテランのふりをするため，無理に金メッキを擦ってはがしてしまう弁護士もいるといいます）。弁護士バッジにはひまわりの模様が象られ，そのなかには小さな天秤があしらわれています。ひまわりは太陽に向かって明るく咲く花として「自由と正義」の象徴とされ（昔，NHK の朝ドラで「ひまわり」という若い女性司法修習生を主人公としたドラマがありました），天秤は「公正と平等」の象徴とされています（正義の女神は目隠しをして天秤をもっています）。

✿「口頭」ではなく「弁論」もしない「口頭弁論」

　民事訴訟は原則として常に**口頭弁論**で審理がされます。しかし，平凡吉が見たように，現実の口頭弁論は，多くの場合，決して「口頭」では行われておらず，また「弁論」もされていません。法律上は，**準備書面**は口頭弁論の準備のために提出されることになっていますが，実際には口頭弁論は準備書面の提出期限（締切日）としての意味しかなく，期日自体は次回期日の決定およびそれまでに行う作業の打ち合わせを中心としたセレモニーと化していることも少なくないのです。訴訟慣行によって，「準備書面を陳述します」と弁護士が言った瞬間に（あるいは「陳述しますね」という裁判官の問いに弁護士が頷いた瞬間に），その内容が「口頭で

弁論」されたものとみなされるからです。もちろん，このような口頭弁論のあり方に対しては批判も強くあるところで，最近は見直しの動きも出てきています（1996年の民事訴訟法改正における争点整理手続の充実もこの点を中心的なテーマの1つとしていましたが，これらについては第8章でまとめて話します）。

　外国では，アメリカの陪審法廷で弁護士がとうとうと弁論をする姿は映画やテレビドラマなどでお馴染みですし，フランスやドイツなどでも弁護士の口頭での弁論がやはり重視されています。ところが，日本では，弁護士が法廷で口頭で仕事をするのは証人尋問など例外的な場面に限られ，優秀な弁護士ほどむしろ和解による解決を重視して，必ずしも口頭で丁々発止とやり合うのを好まないというのが実情のようです（ドイツの法廷を見学して，「口頭弁論」が本当に行われていることに驚く日本の弁護士や裁判官も多くいます）。

　この点は，法律専門家の慣行という次元の問題にとどまらず，訴訟というものに対する国民の見方や期待の違いを反映しているのかもしれません。つまり，日本では裁判における真実の発見がたいへんに重視され（テレビドラマでも，大岡越前守や遠山の金さんはいつも真実を発見しています），弁護士の弁論術や法廷戦術によって訴訟結果が左右されるということには否定的なようにみえます。これに対して，欧米などでは訴訟法というルールに則った一種のゲームとして裁判が理解されている部分が大きいようにも思われるのです。ただ，1996年に改正された民事訴訟法や司法制度改革後の民事訴訟手続では，日本でも，真実発見への過剰なこだわりから，ルールを重視したゲーム感覚の導入に向けて，若干の重心の変更が試みられましたが，日本の伝統を変えるのは難しそう

です。

❧歯医者型審理から外科型審理へ

　平凡吉も書いていますように，口頭弁論期日では次回の**期日**の打ち合わせが行われます。民事訴訟では，口頭弁論というものは何回やっても理屈のうえでは一体で，一個のものとみなされ，ひとたび弁論が開始された後は，それが次々と続行されていくという形をとります。しかし，期日と期日との間隔は，事実の主張を交換し合う弁論期日で1カ月，証人尋問期日では2〜3カ月あくこともめずらしくありません。

　このように期日が入りにくいのには，いくつかの理由があります。もちろん次回期日までに双方の代理人や裁判所がする準備のための時間が必要である点が最も重要ですが，それ以外にも，より物理的な事情もあります。まず，裁判所の法廷の絶対量が少ないことが指摘できましょう。各裁判官（部総括裁判官，右陪席裁判官）は単独事件を100件以上抱えているのが普通ですが，自分専用の法廷はもっておらず，法廷を使えるのは週2回程度で，その結果どうしても3〜4週間は次回期日を入れられないことが多いとされます（この点が，第8章や第11章でみるように法廷外で争点整理や和解が行われる理由の1つにもなっています）。

　また，代理人である弁護士の側の忙しさも期日の間隔があく大きな理由になっています。秀山弁護士や若井弁護士のように，弁護士もまた多くの事件を抱えて法廷から法廷へと飛び歩くかたわら，弁護士会の会務とよばれる委員会等の仕事（また弁護士会内の派閥に関する閥務とよばれるような仕事），あるいは弁護士としての立場で関わるさまざまな公的任務（調停委員，破産管財人，各種審

議会・行政委員会の委員，企業等の第三者委員会，市民オンブズマン，テレビのコメンテーター（？）等々を忙しくこなしているのです。このためもあり，せっかく法廷が空いていても，弁護士側の都合でさらに1週間，2週間と期日が流れていくことも決して稀ではありません。

　このような審理（五月雨的審理とも歯医者型審理とも揶揄されます）に対する反省から，近年はとくに証人尋問を集中して行う集中証拠調べの実務が定着していますが，この点は第12章など後で詳しく述べる機会があるでしょう。また，司法制度改革の中では計画審理が重視され，民事訴訟法の改正もされていますが，この点は第8章でふれます。いずれにせよ，日本の司法の物的・人的な容量がその経済規模に比べて以前はあまりに不十分なものであったことは明らかで，それが民事訴訟の進行の1つのボトルネックとなっていたことは間違いありません。

> **弁護士会の派閥**
>
> 　弁護士会も人間の集まりである以上，やはり派閥があるようです。とくに，東京や大阪などの大規模な弁護士会では，出身大学や考え方などを共通とする弁護士がいくつかの派閥を形成しているといいます。政党の派閥などと同じように，弁護士会長の選挙を中心に，弁護士会の役員や弁護士会推薦の審議会等の委員などについて，「派閥順送り」の人事が行われることもあるようです。

❋民事訴訟はどのように進められるか？

　民事訴訟は，**民事訴訟法**という法律に従って進められていきます。この民事訴訟法は1996年（施行は1998年）に大きく改正されていて，とくに民事訴訟の進め方の定めは抜本的に変えられま

したが，その後も何度かの改正を経ています。

⺠事訴訟法の歴史────────────────

　民事訴訟法という法律は，明治時代に欧米諸国との不平等条約を改正するため，日本の近代化の度合いを示すことを目的として，国家事業として進められた法典編纂の1つとして制定されたものです。手続的な問題に関連するためでしょうか，民法や商法などの実体法に先駆けて，1890年に制定されています。裁判所の権限を強化しながら，日本の実情に合わせるという観点から，1926年に抜本的な改正がされましたが，その後は昭和時代を通して約70年間，大きな手は加えられませんでした。そこで，1990年頃から抜本改正の審議が進められ，ついに1996年に，争点整理の手続の整備，証拠収集方法の充実，証拠調べの集中化，上告の制限，少額訴訟の創設などを柱とした現行の民事訴訟法が制定され，1998年1月1日から施行されています。その後もとくに司法制度改革の関連で見直しがされ，2003年には，計画審理の導入や専門委員制度の新設を含むかなり大幅な法改正がされています。さらに，2022年には，裁判のIT化を中心としたやはり大規模な改正がされました（これについては，第9章を参照）。

───────────────────────────────

　第1回の口頭弁論期日では，前にも述べましたとおり，訴訟の今後の進行方法について決定されます。**訴状**が被告に届いているにもかかわらず，被告（またはその代理人）が期日に欠席し，答弁書も提出しない場合で，被告が今後も出てきそうもないようなときは，そのまま審理を終えて判決をしてしまいます。この場合，被告は原告が主張している事実をいっさい争わないものとみなされますので，当然のことながら，原告全面勝訴の判決が出されるのが普通です。被告が出てきても，原告の主張をすべて認め，被告としての抗弁がないような場合も同様です。

また，訴状が被告に届かなかった場合は，**公示送達**という方法で裁判所の掲示板（IT 化後は裁判所のホームページ等）に掲示をしておけば訴訟を進めることができます（文書の送達の問題は，第 6 章で詳しくお話しします）。この場合は，被告が訴えられたことをわかっていて訴訟に出てこないわけではありませんので，原告の言っていることをそのまま認めて争わないとみなすことはできず，原告は自分の言い分を証拠で証明しなければなりません。ただ，普通は，この場合も，契約書や原告側の従業員の証言などで簡単に原告勝訴の判決が出るようです。現行の民事訴訟法では，このように実質的な争いがない場合には，判決書を前もって裁判所が作ることをせずに，その場で判決を言い渡して書記官がそれを調書にまとめると，それが判決と同じ効果をもつとされています（**調書判決**とよばれます）。

　被告が口頭弁論に出てきて原告の主張を争う場合に，はじめて本格的な審理が行われることになります。平凡吉の事件の場合はまさにこれにあたるわけです。この場合には，どのような方法で審理を進めていくかが問題となりますが，いくつかの方法があります。

　まず，そのまま口頭弁論を続行して，そのなかで争いがある点（争点といいます）を詰めていくやり方です。この場合，やはり口頭弁論とはいっても，実際には準備書面という文書をお互いが出し合って，お互いの言い分を確かめ合うという形で進められていくものです。したがって，法廷では，当事者が提出した準備書面の疑問点を相手方や裁判所が指摘し，次の期日で何をやるかを決めるだけになることが多かったのです。その結果，期日が形式化し，訴訟が遅延する原因となっていました。

そこで，現行法のもとでは，このように口頭弁論を続行しながら争点を詰めていく方法は例外的なものとされ，むしろ争点の整理を専門に行う**争点整理手続**をすることが原則になりました。争点整理手続については，後に第8章で詳しく説明しますが，法廷を使ってやるもの（準備的口頭弁論），非公開の会議室やウェブ会議でやるもの（弁論準備手続），書面の交換を中心にやるもの（書面による準備手続）に分かれます。従来は，多くの事件は弁論準備手続によって進められてきました。

　そのようにして争点が整理されますと，次にその争点について，主に証人尋問・当事者尋問を柱にした**証拠調べ**を行うことになります。これらの証拠調べも，従来は五月雨式に行うことが多かったのですが，現行法のもとでは原則として集中的にやることになりました（**集中証拠調べの原則**とよびます）。民事訴訟を迅速化するとともに，争点についての真実の発見もより容易になることを期待したもので，民事訴訟のあり方を根底から変えることになってきています。それだけに弁護士や裁判官の責任や負担は重くなってきますが，現行法の理念は実際にも十分に生かされていると考えられ，この集中証拠調べは予想以上に急速に一般化していきました。

　証拠調べの結果に基づいて**判決**が下されることによって，訴訟に一応の結論が出されるわけですが，判決に対して不服申立て（**控訴・上告**）がされることもありますし，また**和解**や**訴えの取下げ**で事件が終了することもあります（といいますか，実際には，判決で終わる場合よりも，和解などそれ以外の方法で終わる場合の方が，事件の数としては多いくらいです）。

　訴訟手続はだいたいこのような流れで進んでいきます。その詳

しい内容は後で段々とお話ししていきますが，以上のような全体
の流れをあらかじめ理解しておいてもらえればと思います。

2 裁判のきっかけ

──紛争の発生──

●藪から棒の立退き要求●

　そもそもこの件が始まったのは，2019年の2月に若井弁護士という人の名前で内容証明郵便とやらが，私，平凡吉のところに届いたことによる。ただ，いまにして思えば，その前の年の終わり頃からすでにちょっとおかしな雲行きはあった。それまでは道で会えばいつも世間話をしていた地主の金田金造が，妙によそよそしくなり，挨拶もそこそこに逃げるみたいに立ち去るようになったのだ。また，どこからともなく，金田の息子で東京に出ていた医者の金一がこちらに戻ってきて，医院を開業するとかいう噂も流れてきた。しかし，私は自分とはとくに関係がない話だと思い，それまでと変わりなく暮らしてきた。

　そこに降って湧いたのが，この内容証明郵便である。そこには，「金田金造と平凡吉との間の土地賃貸借契約は平成31年3月末日をもって終了するものとし，同月以降の契約の更新はこれを拒絶する」というようなことが書かれてあった。しかし，こんなことを藪から棒に言い出されても困る。こちらは，定年まであと何年もない，しがないサラリーマンなのである。いまさら引っ越しというわけにもいかない。

　困り果てた私は，手当たり次第に，親戚や友人に相談したあげく，やはり「餅は餅屋」で専門家に話をしたほうがいいということになって，3月初めに弁護士会でやっている無料

法律相談というのを訪れてみたのである。以下は，その時の担当の弁護士先生とのやりとりから。

「というわけなんですが，先生，やっぱり私は地主の言いなりに立ち退かなければいけないんでしょうかねえ」

「あなたがいまの土地を借りられたのは平成11年のことですね」

「たしかその頃でした。私が30を過ぎて，娘が小学校に入ったばっかりの時でしたから」

「家は木造の2階建てですね」

「たしかにもうだいぶガタはきてますが，手入れすりゃあ，まだ20年は十分に住めますよ」

「そうですね…。借地借家法の5条1項という条文によりますと，借地契約の期間が満了した場合でも，借地人が契約の更新を望むときは，建物がある場合にかぎって契約はそのまま従来の条件で存続することが原則になっています」

「それじゃ，私がその更新とやらを請求すればいいんですね」

「ただね，5条1項のただし書きというのがあって，地主の側が異議を述べて，同じ法律の6条で，土地を自己使用するといった，更新を拒絶する正当な事由があれば，更新は認められないことになっているんですよ」

「その自己使用やら正当な事由とやらは，実際のところ，どういうことなんですかい」

「あなたの件では，たしか地主の息子さん…」

「ああ，金一の野郎ですかい」

「そうそう。その人が東京から戻ってきてそこで医院を開業するという，その噂がもし事実だったとしたら，それが自

己使用の必要として問題になるかもしれませんね。また，その土地にビルを建てて地主さんの老後のために賃貸マンションにするということだとしますと，土地の有効利用という観点からも，正当事由が認められる可能性はありそうですね」

「有効利用だか，へちまだか知らないが，こちとらはもうここに 20 年も住んでるんだい。そんな訳のわからんことで追い出されてたまるもんかい」

「まあまあ，そう興奮しないで…。正当事由が認められるかどうかは裁判例も分かれていて，実際のところそれほどはっきりとは言えないんですよ。どうしても気になるのでしたら，とりあえずまず調停の手続で地主さんと話合いをすることも考えられますが」

「調停って…。そりゃ裁判官さんがやってくれるんですかい」

「いや，調停委員といいましてね，弁護士なんかが中心になって話合いを行うという手続ですよ」

「弁護士さんじゃ…，ちょっと高いんでしょ」

「いやいや，これは手続自体は裁判所のものですからね，費用は安いですよ」

「金田の野郎とはあまり話合いなんかしたくないんですがね…。そういや，この間，新聞で少額訴訟とやらいって，私ら素人でも簡単な手続で裁判ができるような制度があるとか読んだんですが，その少額何とかでやれないもんでしょうか」

「よく新聞を読んでおられますな…。たしかに，民事訴訟法には，簡易裁判所の少額訴訟という手続があります。でも，この手続を利用するにはいろいろと条件があるんですよ。ま

ず，これは金銭給付の請求…つまり，お金に関する争いしか
扱わないんです。だから，平さんの件みたいに，借地の明渡
しのような紛争は対象外なんですよ。しかも，60万円以下
の事件だけが少額事件とされます。平さんの事件は，こりゃ
数千万円の問題になりますからね」

「数千万円ですって…。いったいそりゃどういうことです。
私が払っている地代は毎月10万円にもならないんですぜ」

「それはですね，このような借地の事件では，借地権の値
打ちというのがたいへん重要になってくるんですよ。建物の
値段自体は普通大したことはないんですが，借地権の価格と
いうのは，土地の価格に借地権の割合というのをかけて計算
されます。平さんのお宅のあたりなら，借地権の割合は60
％くらいでしょう。敷地は，えーと…」

「50坪です」

「そうすると，あのあたりは最近少し地価が下がっていま
すが，それでも坪80万円はするでしょう。そうすると，土
地の価格が4000万円で，借地権の価格はその6割として，
2400万円ということになりますからねえ…」

「いや，でも，うちを売ろうとかそういう話じゃなくて，
追い出す，追い出されないのことなんですぜ。そんな値段は
算盤の上だけのことじゃないんですかい」

「いやいや，さっきお話しした解約の際の正当事由という
のを認めるについては，地主側の提供する立退料を斟酌する
ことになっているんですよ。それで，いくら立退料を払うか
という段になると，借地権の価格が一応の基準になってきま
すからね」

「しかし，私はいくらもらっても出ていく気はないんです

がね…」

　だいたいこんな話を聞いて，家に帰って来た。女房にこの話をすると，「へえ，そんなにもらえるんなら，どっかもっと便利な場所にマンションでも買って住むのも悪くないわね」などとぬかしやがる。しかし，誰が何といっても，私は絶対にここを出ていかない。ここは生まれたときから住んできた街で，たしかに最近は東京からも通勤圏内になって，地価もベラボウに上がってしまったが，そんなことは私の知ったことじゃあない。2400万だとか，1億だとか，そんな金の問題じゃないんだ。

　弁護士さんに相談はしてみたものの，調停とかいっても裁判所の門をくぐるのはやっぱり何となく敷居が高かったので，結局そのままにして放っておいた。ところが，あに図らんや，こちらの知らないうちに，金田のほうから調停を申し立てていたのである。簡易裁判所から私のところに，調停の申立書と期日の呼出状が入った書留郵便が来たのは，それから1月ほど先のことであった。

法律相談／紛争の概要

❀内容証明郵便

　平凡吉に最初に事件の勃発を伝えたのが，弁護士の名前で届いた内容証明郵便でした。**内容証明郵便**というのは，手紙の内容を郵便局が証明してくれるという郵便でして，将来訴訟などになったときに，一定の事柄を相手方にちゃんと知らせていたことを証明するために，よく利用されています。また，実際には法律の素

人を相手に，最初にまず脅しをかけておいて，その後の話合いを有利にもっていくための駆引きとしても利用されることがなくはないようです。ただ，最近は，このように「まず一発頰を張っておいてから交渉に入る」というような弁護士の交渉方法については，相手方の態度を無用に硬化させて紛争解決をかえって遅らせるといった問題もあることなどから，むしろ反省の動きもあるようです。

❀法律相談

　平凡吉が内容証明を手に押っ取り刀で出掛けたのが，弁護士会の**法律相談**でした。法律相談は，紛争が発生する前に未然にそれを防止したり，いったん発生した紛争も，紛争当事者に法的な知識を与えることで，自主的に解決することを可能にするといった効能をもちます。その結果，不要な訴訟事件の減少など司法制度全体にとっても大きな利点があり，その利用が推進される方向にあります。

　法律相談には，弁護士会，地方自治体，大学，社会福祉協議会などさまざまな団体が行うものや弁護士事務所で行われるものなどがあり，また費用についても有料のものと無料のものとがあります。さらに，2006 年に創設された日本司法支援センター（法テラス）は，幅広い法律相談に基づいて事件を適切な紛争解決のプロセスに振り分ける機能を果たすものとして定着しています。

❀借地契約をめぐる紛争

　この事件は，借地人である平凡吉に対して，地主である金田金造が**借地契約**の終了を理由として，建物の取壊し（収去）と土地

の明渡しを求めたものです。家自体を借りる借家に対して，借地は土地を借りてその上に自分の家を建てるような契約のことです（ですから，この事件でも，建っている家自体は平凡吉の物です）。借地契約は賃貸借契約の一種として民法が適用されるほか，借地借家法にも特別の規定が設けられています。

土地は人の生活基盤・営業基盤になるものであって，そこに建物の建築という多大な資本が投下されるものでもありますから，その法律関係はとくに安定したものであることが必要とされ，借地人の保護が要請されます。そこで，借地借家法は契約期間の経過による借地契約の終了については，一般にいわゆる**正当事由**の存在を要求しています。その正当事由の考慮事情として，地主の自己使用の必要性に加えて，従来の借地関係の経緯（地代の不払いの有無や付近の地代相場との乖離の程度など），土地の利用状況（有効な土地利用が図られているかどうかなど）が挙げられています（借地借家法 6 条）。したがって，この事件では，金田金造やその息子である金一がその土地を利用する必要性，平凡吉の転居の難易，従来の地代の水準や支払の状況，周辺の土地利用の状況などが今後の紛争の争点となっていくものと予想されます。

また，法律相談でも指摘されていましたように，上に述べたような意味では十分な正当事由が存在しているとはいえないような場合であっても，やはり借地借家法 6 条は，地主側が**立退料**（土地の明渡しの条件）として一定の金員（財産上の給付）を提供することで，正当事由が補完されることを認めています。そのため，この訴訟でも，金田金造が今後一定の立退金の支払を提示して，立退きを求めてくることは十分に予想されるところです。

❖法的な思考方法の特徴

　ここで少し抽象的な話になってしまいますが，法律的なものの考え方の特殊性について簡単にお話ししておきましょう。これからもあちこちで，そういう特殊な考え方が出てきて，読者の皆さんを悩ますかもしれないからです。

　法的思考というのは，一般に馴染みがある科学的な思考方法とはかなりその性質を異にしています。科学的思考というのは，因果的な思考方法と言い換えることができるでしょう。つまり，リンゴが落ちるという事実から万有引力の法則を導き，それに基づき今度は月の運動を推測するというような思考方法のことです。そして，その法則では説明できないような新たな現象が見つかれば，法則が修正され，あるいは新たな法則が打ち立てられることになります。光の運動が既存の法則（ニュートン物理学）では十分に説明できなかったため，アインシュタインによって相対性理論が考え出されるといったようなことです。

　これに対して，法律でもやはり法則が前提とされますが（科学法則も法律も，英語では同じ law という言葉になります），そこでの法則（**法規範**）は科学の場合のように事実から帰納され，真実か否かが実験で検証されるような性質のものではなく，すでに与えられている法律の規定およびそこからの**解釈**によって定立されるものです。したがって，いくら法が本来予定している事態とは異なる現象が多く生じていても，それだけでは法則（ルール）が変更されることはありません。つまり，法で禁止された行為（スピード違反等）が日常的に行われていても，それで法が変わるものではないわけです。法が変わるのは，国会が法律を変えるか，法律の（裁判所による）解釈が変わるかした場合なのです。

また，法の考え方といいますのは，政策的な思考方法とも異なります。**政策的思考**というのは，ある目的を事前に設定して，その目的の実現に最も適合的な手段・方法を考えていくという思考方法のことです。これは，科学的な思考と並んで，われわれの日常の思考方法の多くの部分を占めているものです。今日のお昼ご飯を何にするかを決める際に，食欲と財布の中身に相談しながら，その双方を最もよく満たすレストランに行くのは，政策的思考の表れといえましょう。

　これに対して，法的なものの考え方というのは，このように事前に何らかの目的を設定するわけではありません。もちろん法律を作る際には，その法律で達成すべき目的というものがあるわけですが，法を実際に適用するに際しては，あくまでも法を適用する要件とされている事実が過去にあったかどうかを確かめ，法を解釈してそこに規定されている効果を発生させるかを決めるというものです。その意味で，政策的思考が未来指向・全体指向であるのに比べて，**法的思考**は過去指向・事件指向であるということができましょう。

　よく，法律家が「杓子定規で視野が狭い」とか，「発想が後ろ向きである」とか批判されますが，その一端はこのような法的思考方法の特色それ自体に起因するようにも思われます。この事件のような借地関係の問題についても，政策的思考方法によれば，たとえば借地の供給を増やすにはどうすべきかを考え，それに合った方策を考えるのに対して，法的思考では，平凡吉と金田金造の間にあった過去の事実経過を丹念に認定して，既存のルール（借地借家法）を適用するというふうになるわけです。

　このような観点から，法を適用することを任務とする裁判所で

解決される紛争というのは，ある程度限定されることになります。そもそも法的な思考方法では解決できないような，科学的な真理の確認を求めたり，宗教上の教義の当否を判断したりすることは裁判所にはできません。最近では，とくに宗教上の紛争の解決を裁判所に求めて訴えが起こされる例が増えていますが，司法に対する社会的な期待の高まりと法の適用による権利の救済を任務とする司法権の本質との間で，裁判所は苦しい選択を迫られています。

❀法制度の基本的な特徴

法制度の基本的な特徴として理解しておかなければならないのは，まずそのヒエラルヒー（階層）構造です。裁判所で適用される法規範（これを「**法源**」とよびます）は，それが制定された形式により，その効力が異なります。

皆さんもご存じのとおり，最上級の法源としては憲法があり，憲法に反するような法源はすべてその効力が否定されます（このような憲法違反の法規範の適用を排除できる裁判所の権能のことを違憲法令〔立法〕審査権とよびます）。また，国会（立法機関）は国権の最高機関ですから，そこで制定される法律は，行政機関である内閣が制定する政令や各府省庁が制定する府省令などよりも強い効力が認められており，法律に違反する政令や府省令は適用になりません。

法源には，そのほかにも，国家間の約束である条約，都道府県など地方自治体が制定する条例や裁判所が制定する規則などがあります（なお，日常よく耳にする通達というのは，役所の内部での運用の統一や役所の法解釈の明示などを目的とするものであり，われわれ市

民に対する直接の拘束力はないものですから，裁判所で適用される法源にはなりません）。

　法規範の種類としては，また実体法と手続法という分類も重要です。裁判所で裁判をするときに，その裁判自体の進め方を決めるのが手続法，裁判の内容を決めるのが**実体法**ということになります。皆さんに馴染みが深い法律の多くは実体法です。たとえば，民法，商法，刑法などといった法律は，すべて人々の日常の暮らし方を直接規律しているもので，紛争が発生した場合には，紛争解決の中身を決める法規範として，実体法に分類されるわけです。これに対して，民事訴訟法や刑事訴訟法といった法律は，そのような普通の人の暮らしとはあまり関係なく，実際に訴訟が起こった場合にそれをどのように進めるか，原告や被告，また弁護士や裁判所が一定の場合にどのように行動しなければならないか，といったことを決めているもので，**手続法**に分類されるわけです。

　このように，手続法は一般の人の日常生活とは普通は縁がないため，法律をみてもあまりイメージがわかず，その内容を理解することが，実体法よりも難しいといえるでしょう。ただ，実体法の内容が最終的に実現するのは訴訟の場であるわけですから，手続法の理解は，実体法を理解するうえでもたいへん重要であるといえるのです。この本で扱うのは，主にこの手続法（民事訴訟法およびそれに関連する法律）の内容ということになります。

3 調停手続

●裁判官はどこ？●

　この日，私は呼び出しに従って，生まれて初めて裁判所の門をくぐった。私の行ったのは簡易裁判所とかいうところであったが，最初は間違えて家庭裁判所の建物のほうに行ってしまったので，危うく遅刻するところであった。裁判所なんぞというものが，この街にこんなにいっぱいあったとは，こんなことでもなければ一生知ることはなかったであろう。

　裁判所に入るときは，誰かに呼び止められて怒られはしないかと，呼出状を手にもちながらビクビクものであったが，市役所なんかと同じように，誰でも自由に出入りしているので，少し拍子抜けした。いろんな人に尋ねながら，ようやく呼び出された場所に到着すると，すぐに名前を呼ばれて調停室に入った。

　調停室は，何ということもない普通の会議室風の部屋で，窓もなく殺風景なものであった。私に続いて，金田金造ともう1人の男が入ってきた。私は金田の顔を見るやいなや，思わず大声を出してしまった。

　「やい，金造。こりゃ，いったいどういうつもりだ」

　「何を怒ってるんだね，凡吉さん。たしか，前に出した内容証明でも，あんたが自発的に土地を明け渡さないと，法的な手段に訴えると，ちゃ～んと書いておいたはずだがねえ…」

　「そんなことを言ってるんじゃねえんだ。あの土地は，20

年も前から，俺がおまえの親父さんから借りていたもんなん
だ。それを，金次の親父さんが死んだのをいいことに…。お
まえは親父さんの葬式のときも，どこでふらふらしていたか，
帰ってこなかったじゃあねえか。だいたい，お前のような，
どら息子は…」

「ちょっとちょっと，冷静に…。ここでは大声を出さない
でください」

私が驚いて振り返ってみると，部屋のドアのところに見知
らぬ人が2人立っていた。

「皆さん，これから調停手続を始めますので，どうか着席
してください」

どうやら，この2人が話に聞いていた調停委員とかいって，
われわれの話合いを仲立ちしてくれる人らしい。私は，悪い
イメージをもたれてしまったのではないかと，大声を上げて
しまったことを後悔しながら，あわてて席に着いた。

「さて，それでは平成31年（ユ）第45号事件について，
これから調停手続を行います。申立人の金田さんは…」

「はい，私です」と，金造が応えた。

「私が申立人の代理人の若井です」と，金田の隣に座って
いる男が言った。そうか，やっぱり…。これが，あの内容証
明とかいうふざけた手紙を私に送って来た弁護士だ。胸には
燦然と輝く金バッジを誇らしげに着けている。

「こちらが，平凡吉さんですね」と聞かれたので，私も
「はい」と応じた。

「それでは，これから調停手続を開始します。調停につい
てはすでにご存じだとは思いますが，当事者の間の話合いで
紛争を解決する制度です。本件のように，借地関係の紛争の

ような事件は，どのような形になるにせよ，お互いに話合いで解決するほうが，訴訟にいくよりも，どちらにとっても必ずよい解決となるはずです。われわれも解決に向けて努力していきますので，ぜひお2人にも譲り合いの精神を発揮していただき，話合いがうまくいくよう，お願いしますよ」

　私は，こんなやつと話合いをするのは真っ平御免だと内心は思っていたが，そう言うわけにもいかないので，小さくうなずいておいた。すると，

　「それでは，今日はまず，申立人のほうからお話をうかがいますので，平さんはしばらく外に出て，お待ちいただけますか」と言われた。

　何だか話がよく見えなかったが，私は言われるままに外に出た。待合室らしき部屋では，やはり私と同じように，外に出されたとみえる人が何人もベンチに腰掛けて所在なげにしていた。どうやら，話し合うといっても，お互いが面と向かってドンパチやるということではなくて，調停委員を真ん中に挟んでやりとりをするという仕組みらしい。まあ，金造のようなやつと面と向かえば，すぐに喧嘩になっちまうだろうから，結構なことだとは思ったが，一方では，こんなことで話合いがうまくいくのかな…と，ちょっと不安にもなった。

　30分近く待って，ちょっとイライラしかけてきた頃に，調停委員の1人が出てきて，私を呼びにきた。部屋に入ってみると，金田と若井弁護士はもうどこかに行っていて，部屋の中は調停委員の2人と私だけであった。そこで，私は，本題に入る前に，さっきから少し気になっていたことを質問してみることにした。

　「どうも，こんなことを申し上げるのも何なのですが…」

と，私がちょっと言い淀んでいると，

　「どうぞ，どうぞ。何でもわからないことがあったら，聞いてください」と，比較的年が若いほうの人が気さくに言ってくれた。よく見ると，この人も胸に金バッジをしている。

　「いや，たいしたことじゃないんですが…。前に法律相談とやらでちょっと聞いたことがあるんですが，調停っていうのは，裁判官を頭にした3人の人でやるっていう話なんかが出ていたもんですから…」

　「ああ，そのことですか。おっしゃるとおり，たしかに調停委員会は裁判官を主任として，残り2人の調停委員との合計3人で構成されています。ただ，裁判官の方はたいへん多忙なため，全部の期日に立ち会うというわけではないのですよ。1回目の期日には立ち会うことも多いのですが，この事件の担当裁判官は今日はたまたま，ほかの事件の審理が入ってしまって，どうしても出てこられなかったのです。ただ，期日のたびに，われわれと裁判官とできちんと協議をして，ここでのお話はみんな裁判官にも通じていますから，その点はどうか安心してください。

　それから，申し遅れましたが，私が調停委員の弁護士の松田です。それから，こちらは，この3月まで，この裁判所で裁判所書記官をやられていた野田さんです。どうかよろしく」

　「そういうことですかい。それでよくわかりましたよ。こちらもどうぞよろしくお願いします」

　「それでは，中身の話に入りますが，いま金田さんにうかがったところでは，平さんがこの土地に住むようになったいきさつは…」

　その日は，結局私がいまの土地に住むようになった頃から

現在に至るまでの経緯，地代の値上げの状況，ほかの土地に私が引っ越すことができるかどうか，私の身寄りにはどんな人がいるかといった四方山話を聞かれた。

　その後，3回ほど似たような期日がもたれて，その後になって調停案というものが，調停委員のほうから出されてきた。その内容は，2000万円の立退料の支払と引き換えに私がいまの土地を金田に引き渡す，新たな借地または住居をみつけるについては金田のほうでも十分に協力する，といった内容であった。しかし，私は別にお金に困っているわけでもないし，2000万円ではこの街じゃマンションに住むのが精一杯であろう。庭いじりの好きな私にとってはマンションなんぞに住むなどは真っ平御免であった。あんなところは人間の住むところではない。マンションで暮らすぐらいなら，あの世で暮らしたほうがましというもんである。向こうも2000万などはとうてい出せないというような話で，結局，調停は不調ということで終わった。最後に不調にしますと言うときにだけ裁判官が出てきたのには拍子抜けしたが，まあ一難去ってホッと一息である。

　ところが，本当の災難は実はこれからだったのである。

民事調停その他の ADR，少額訴訟等

❖通常訴訟以外の紛争解決手続

　第2章の法律相談の項でもみましたように，紛争の解決のためには必ずしも常に訴訟による必要はないし，またそれが望ましいわけでもなく，裁判外の紛争解決制度というものが用意されてい

ます。このような紛争解決方法のことを，最近では Alternative Dispute Resolution（代替的紛争解決）という英語の頭文字をとって，カッコよく **ADR** などとよぶことがあります。

　ADR の種類としては，当事者間の交渉を仲立ちする斡旋手続，当事者の合意による解決案の受入れを説得する調停手続，両当事者の合意で第三者に紛争の解決を預ける仲裁手続などがあります（ただ，前の2つは第三者の介入の程度の違いともいえ，その区別が明確ではない場合もあります）。また，最も狭い意味では，裁判所の建物の外で行われるものだけを ADR とよびますが，普通は，裁判所の中で行われていても，訴訟手続の外で行われるもの（典型的には，次にふれます民事や家事の調停手続）を含む意味で使われます（なお，最も広い意味合いでは，判決によらない紛争解決の方法として，第11章で説明する訴訟上の和解などまで含んで ADR とよぶこともあります）。

　以下では，民間の行う ADR に加えて，調停手続と仲裁手続について簡単に紹介しておきましょう。

❀民間型 ADR

　ADR には，司法型 ADR（後でふれる調停手続です）や行政型 ADR（42頁のコラムを見てください）に加えて，民間型 ADR があります。これは，国の機関ではなく，財団法人・社団法人・NPO 法人など民間団体が運営する ADR 機関です（最近では，株式会社など会社組織のものも出てきているようです）。もともと斡旋・調停や仲裁など合意による紛争の解決は国家権力を行使するものではなく，民間でも行えるものであり，民間でできるものはできるだけ民間に委ねるという発想からすれば，民間型 ADR をでき

るだけ活用していこうというのは，合理的な政策ということができます。

　そこで，司法制度改革の中で，ADR の拡充・活性化を図るとされたことを受けて，「裁判外紛争解決手続の利用の促進に関する法律」（いわゆる **ADR 法**）が制定されて 2007 年 4 月に施行され，その中で民間型 ADR の認証制度がスタートしました。これは，民間型 ADR のうち，暴力団の排除など一定の要件を満たしたものについて，法務大臣が認証し，認証を受けた ADR については，話合いをしているうちに権利が時効で消滅することがないように ADR 手続中の時効の完成猶予や，専門家をより活用できるように弁護士法 72 条（第 10 章を見てください）の適用除外（報酬を得て和解の仲介をしても処罰されない）など特別の取扱いを認めたものです。これによって，利用者からみて，国のお墨付きを得た信頼できる ADR を増やして，ADR の利用を促進しようとしたものです。

　このような改革の結果，2022 年 11 月現在，160 を超える ADR 機関が認証を受けて活動しています。取扱分野としても，知的財産紛争，製造物責任紛争，留学関係紛争，事業再生関係紛争，労使紛争，境界紛争，自転車事故紛争，家族関係紛争，スポーツ紛争，消費者紛争，下請紛争，観光関係紛争，マンション紛争，デジタルプラットフォーム関係紛争，ハラスメント紛争など実に多様な分野を専門とする**認証 ADR 機関**が活動しています。また，金融関係の紛争については，ADR 法の仕組みとは別に，銀行法などの中で**金融 ADR** というものが設置され，銀行・証券・生命保険・損害保険など業界ごとに ADR 機関が設けられています。未だ各 ADR 機関が取り扱う紛争の件数はそれほど多くありませ

んが，日本の紛争解決制度全体の中で着実にその存在感は増していると言ってよいでしょう。

🛅 行政型 ADR

　以上のような民間型 ADR や次に述べる司法型 ADR（裁判所の調停）に加えて，行政が主宰する行政型 ADR が存在感をもっている点に，日本の ADR の大きな特徴があります。本来，国の中で紛争解決に責任をもつのは司法部であり，行政が紛争解決に乗り出すのは例外的であるはずです。ただ，日本は伝統的に行政国家であり，個別事案の紛争解決の局面でも行政が乗り出すことが多く，社会的にもそれが歓迎される風土にあると言えます。そのような中，たとえば，公害・環境関係紛争（公害等調整委員会），建築紛争（建設工事紛争審査会），消費者紛争（国民生活センター紛争解決委員会）等重要な分野で行政型 ADR が活発に活動しています。2011 年の福島の原子力発電所事故を契機に設けられた原発 ADR（原子力損害賠償紛争解決センター）も文部科学省傘下の行政型 ADR です。民間の活動との線引きは困難な課題ですが，個別紛争解決と一般の政策を適切に組み合わせることができれば，有用な機能を発揮しうるものと考えられます。

🌿 調停手続

　民間の ADR に加えて，日本でとくに重要な役割を占めているのが，裁判所で行う ADR，すなわち**調停手続**でしょう。調停手続には，簡易裁判所または地方裁判所で行われ，一般の民事事件をよろずに取り扱う民事調停と，家庭裁判所で行われ，離婚，相続や親子関係の問題を中心に扱う家事調停とがあります。1922 年に創設された調停制度は，2022 年に 100 年の節目を迎え，日本社会に完全に定着しています。

紛争が発生した場合に調停によるかどうかは原則として当事者の自由に任されていますが，一定の事件については調停をまず先にやらないと訴訟を提起できない，**調停前置主義**という考え方がとられています。これは，調停＝話合いによる紛争解決がとくに望ましいような事件の類型に適用され，家事調停に多いのですが，民事調停でも地代・家賃の改定を求める事件などについては調停前置主義が採用されています。平凡吉の事件は，同じ借地関係の紛争でも，地代ではなく立退きが問題となっていますので，この前置主義は適用にならず，いきなり訴訟にいくことも可能な事件でした。ただ，このような事件でも，金田金造が試みましたように，まず調停を申し立てて相手の出方を窺うというやり方は，実際にもしばしば行われているようです。

　調停は裁判官1名と調停委員2名で構成される**調停委員会**で行われることになっていますが，実際には，裁判官は訴訟事件の処理などでたいへんに忙しいため，調停案の提示や説得など重要な局面に登場する程度で，普通は調停委員だけで運営されることが多いといいます（ただ，期日外では，調停委員と裁判官の間で十分な評議がされているはずです）。調停委員には，弁護士や退職した裁判所書記官など法律関係者のほか，不動産鑑定士や医者など特殊な専門知識をもっている人，退職した教師や主婦など一般の人も入っており，市民の司法参加の一つの形態として「市民感覚」の司法への導入の貴重な窓口となっています。

　調停の手続は，平凡吉も経験したように，多くの場合は当事者を交互に呼び入れながら話を聞き，最後に調停委員会のほうから調停案が示されるという形で進められます。調停は当事者の合意に基づく制度ですので，仮に調停案が出されても，当事者が受入

れを拒否すれば，調停不調となって調停手続は終了します。ただ，その場合でも，裁判官が「**調停に代わる決定**」（民事調停法17条に規定があるので，17条決定とも呼ばれます）を出すことができます。これは，一定期間内に異議を申し立てないと，その決定が調停に代わってしまう（調停が成立したのと同じ効果が生じる）という制度ですが，当事者はとくに何の理由も述べずに異議を申し立てることができ，異議が出たときはその決定は自動的に効果を失います。ただ，調停案の受入れを迷っているような当事者（「調停案を受け入れるのは相手の言い分を受け入れたようで業腹だが，裁判官がそこまで言うのなら，しかたがないか」と思うような人など）にはそれなりの効果があるようで，実際にも活用されているということです。調停が成立しますと，相手方が調停の内容を遵守しない場合に，調停の調書はそれに基づいて強制執行ができる文書（債務名義）となりますので，結果として判決をとったのと同じ効果をもつわけです。

❀仲裁手続

　ADR手続のもう一つの柱として，**仲裁手続**というものがあります。これは，日常用語としての「仲裁」の感覚とはやや違いますが（普通は，「夫婦喧嘩の仲裁」というように，むしろ斡旋や調停と同じ意味で使われています），当事者が合意して事件の解決を第三者（仲裁人）に預け，その者の裁定（仲裁判断）に服することを定める手続です。つまり，調停は解決案の段階で当事者の合意があるのに対して，仲裁では解決手続に入る段階で合意（仲裁合意）がある（他方，解決内容には当事者は文句が言えない）というわけです（これに対して，訴訟というのは開始段階でも解決段階でも当事者の

合意はいっさいない手続といえます。だからこそ国家権力を体現する裁判所が行う必要があるわけです）。そして，仲裁判断は，裁判所に申し立てれば，（執行決定というものをもらって）原則としてそれに基づいて強制執行ができることになっています。

　仲裁には，迅速性，専門性，秘密性といった点でさまざまなメリットがあるとされ，伝統的に，国際紛争，海事紛争，建築紛争などで活用されてきています。また，弁護士会の中に仲裁センターを設けて，積極的に紛争解決に活用されています。とくに，訴訟による解決のベースにはなかなか乗りにくい少額の紛争などにおいては，仲裁手続の利用が期待されるところでしょう。2004年3月から仲裁法が施行されており，国の側からのサポートの体制も整ったところで，あとは仲裁機関の努力や利用者の側の意識の改革が求められているところです。

仲裁制度の広がり◆スポーツ仲裁◆

　　仲裁については，その中心的な活躍場面は国際仲裁です。国際契約では，いずれかの国の裁判所に管轄を合意することにはどちらの契約当事者も抵抗があり，中立的な紛争解決の場として国際的な仲裁機関が選ばれることが多いためです。ただ，最近は仲裁制度の活用場面も広がりを見せています。その1つの例がスポーツ仲裁で，これはオリンピックの代表選考に不満をもつ選手が競技団体を相手に不服を申し立てるような紛争を取り扱うものです。このような紛争はそもそも法律を適用して解決できるか疑わしく，裁判所が取り上げてくれないかもしれず，仲裁の果たす役割が大きいのです。オリンピックの度ごとに社会を賑わせるドーピングの問題についても，最近ではスポーツ仲裁が利用されます。世界的な紛争についてはスポーツ仲裁裁判所（CAS）が有名ですし，日本国内の紛争については日本スポーツ仲裁機構（JSAA）が活動しており，従来必ずしも「法

の支配」の観念が十分ではなかったスポーツ界においても，ルールに基づく紛争解決の文化を根付かせつつあります。

❀少額訴訟

　このような裁判外紛争解決手続は，時間・費用・手間がかかる訴訟手続に対して，迅速・廉価・簡便をその売り物にしています。ただ，訴訟制度の側でも，一定の事件については，普通の手続よりも簡易な手続で進行するための制度を用意しています。そのうちの１つが，平凡吉も新聞で読んだという**少額訴訟**なのです（そのほかにも，手形小切手の取立てのための手形訴訟・小切手訴訟などがあります）。これは，1996 年の民事訴訟法改正で採用された，現行民事訴訟法の目玉ともされる制度です。

　そもそも**簡易裁判所**が戦後新たに創設されたときは，戦前の区裁判所とは全く違って，少額の事件を簡易・迅速な手続で処理する民主的な裁判所が構想されていました。しかし，そのような理想に対応するような思いきった制度・手続の特則が設けられなかったため，それは結局看板倒れに終わってしまい，実際には，その後の簡裁は「ミニ地裁」への道を歩んでいったのです。そのことへの反省もあって，市民に利用しやすい民事訴訟をめざした現行民事訴訟法のもとでは，より踏み込んだ特則を簡裁の手続に設けることにしました。それが少額訴訟の手続です。

　この手続は，訴額 60 万円（制度導入時は 30 万円）以下の金銭給付事件について，原則として１回の口頭弁論だけで弁論を終結してしまい，その場で判決も言い渡すことにしています。不服申立ても，時間のかかる控訴は認めないで，判決をした裁判所への異議申立てだけを認めることにしました。また，証拠調べも即時に

取り調べることができる証拠に限ることにして書証中心の審理を予定し，例外的に証人尋問をする場合にも普通の場合より簡易にする措置が施されています。さらに，被告が十分な返済能力をもっていないような場合には，判決で分割払を命じることができることにしました。これで，資力に乏しい被告であっても判決の内容をちゃんと自発的に履行でき，原告の債権回収が容易になるように配慮しているわけです。このような少額訴訟の制度は，事件の個性に合った審理を可能にし，一般市民の裁判所へのアクセスを実質的に拡大する手段ですから，業者の利用を排除するため，利用回数の制限（同一簡裁で 1 年 10 回まで）を設けるなどの工夫もしています。

　少額訴訟は，都市部の大規模裁判所を中心として，立法当初の予想よりも多くの事件が申し立てられ（年間 2 万件あまりの申立てがされました），利用者からも好評でした。そこで，2003 年に司法制度改革の中でその適用範囲を拡大する（30 万円の限度額を 60 万円に引き上げる）という法改正がされました。ただ，原告はこの手続によるか通常の訴訟手続によるかを選ぶことができますし，また仮に原告がこの手続を選んでも，被告は通常の手続に戻すように要求できることになっています。つまり，原告・被告の両方がこの手続でよいと言って初めてこの手続が使えるのです。その意味で，この制度が今後もさらに活用されていくかどうかは，十分に手続の内容が教示されることを前提に，両当事者の信頼を得られるような実務の運用が維持されるか否かにかかっているといってよいでしょう（最近はやや利用件数が減少気味で，年間 1 万件弱となっています〔2021 年 7094 件〕）。

❀非訟事件

　ここで，裁判所における訴訟以外の紛争解決の方法についても，簡単にふれておきましょう。その1つとして，遺産分割など家庭裁判所の家事審判事件に代表される**非訟事件**といわれるものがあります。これは，家事審判以外にも，会社関係の事件などで多用され，平凡吉の当面する借地関係紛争でも，借地の契約条件の変更や建替え・借地権譲渡の許可などについては，非訟事件として扱われることになっています。

　非訟事件の手続はそれぞれの事件の内容に応じてさまざまですが，ここでは代表的な家事審判について簡単に紹介しておきましょう。**家事審判**で扱われる事件としては，遺産分割のほか，子の氏の変更，相続放棄の受理，自筆遺言の検認（本当に死んだ人自身が遺言をしたかどうかを確認する手続），子の親権者の変更などが事件数の多い類型となっています。家事事件では，前にもふれましたとおり，調停手続が先行するのが普通ですが，調停が不調に終わったときでも，**審判手続**に進むのであって，訴訟手続には入りません（これに対して，離婚事件など人事訴訟の事件は，調停が不調に終わると訴訟に行くことになります。以前は，訴訟になる段階で家庭裁判所での手続は終了し，別途地方裁判所に行く必要がありましたが，2004年から人事訴訟事件は家庭裁判所の管轄となり，家裁に訴えを提起することができます）。

　家事審判の具体的な手続で，民事訴訟と最も異なるのは，常に非公開で審理が進められる点です。この点は，とくに当事者や関係者のプライバシーに配慮したものといえます。また，証拠調べにつきましても職権での証拠調べが認められるなど，一般に裁判所の権限が強い手続の構造になっています。これは，子どもや家

庭に関わる事件では，とくに真実発見や子の保護の要請が強いことに基づきます。ただ，人的物的な資源が不十分なこともあって，裁判官やその補助機関である**家庭裁判所調査官**による職権的な手続の進行には限界もあり，むしろ最近では手続の進行について当事者のイニシアティブを重視するような運用も行われているようです。家事審判では，不服申立ても，訴訟のような控訴ではなく，**即時抗告**というより簡易な方法によります。家事審判については（家事調停も同じですが），2011 年に制定された**家事事件手続法**が規定しています（同じ年に非訟事件手続法も改正されました）。

❀支払督促

　次に，クレジットや消費者金融関係の債権の取立てなどで実際によく使われている手続として，簡易裁判所における**支払督促**の制度があります。これは，金銭の支払請求などについて，債権者の申立てだけで，債務者の言い分を聴いたり，証拠調べをしたりせずに，ほぼ自動的に裁判所書記官が支払督促という文書を発するものです（なお，1996 年の民事訴訟法改正以前は，裁判官が発令し，名称も支払命令とよばれていました）。債権者にとっては，訴訟手続を経ないでも簡易迅速に**債務名義**（強制執行の根拠となる文書）を得ることができるため，たいへんよく使われています（2021 年には約 23 万件の申立てがあり，訴訟事件の約 51 万件と比較しても相当の事件数になっています）。また，1996 年の現行民事訴訟法への改正により，東京・大阪の大都市では事件を大規模簡裁に集中してコンピュータ処理を促進することが可能となり，支払督促の受付から発令・送付までほぼ自動的に処理できるように事務の効率化も進められました。そして，2004 年の民事訴訟法の改正では，さ

らにIT化を推し進め，支払督促の申立てや通知をオンラインでも行うことができるようになっています。

ただ，裁判所書記官が支払督促を出すと，それで直ちに強制執行ができるわけではありません。それでは，債務者にとってあまりに不利になるからです。支払督促が発令されましても，債務者がそれに不服があれば，**督促異議**という不服を簡裁に申し立てることができ，督促異議が出されますと，事件は普通の訴訟手続に移ることになります。督促異議が出されない場合に初めて，その支払督促に基づく強制執行が許されることになるのです（**仮執行宣言**というものが付されます）。つまり，債務者に文句がないことを確認してから，強制執行がされるという仕組みになっているわけです（なお，仮執行宣言が付いた後でも，一定期間は債務者はなお督促異議を申し立てることができますが，この場合は執行は停止になりません）。いわば，債権者に優先して一撃を加えさせて，その後にゆっくりと喧嘩をさせるという話になっているわけですが，実際には利息制限法を超えたような利息を支払督促で債権者が請求しても，債務者はそれに気づかずに督促異議を申し立てないまま確定してしまうなど，消費者保護の観点などから制度の問題点も指摘されています。

🈂利息制限法の話◆消費者金融業者の盛衰◆

貸出しの際の金利の制限についての法規制は，従来たいへん複雑なものになっていました。法律上は，利息制限法の上限金利の定め（年15〜20％）があったのですが，それに対する例外として，貸金業規制法は，債務者が任意に利息を支払う限りにおいては，年29.2％までの金利は取ってよいことにしていました。そして，実際にも多くの業者はこの金利に近い水準で業務を行っていたのです。しかし，最高裁判所は，多くの場合に

は，債務者による任意の支払が否定されるという判断を示し，その結果として，従来の支払分は不当利得であるとして業者に対する**過払金**の返還請求訴訟が多数起こされました。過払金の負担は消費者金融業界全体に重くのしかかり，多くの事業者は廃業に追い込まれました。また，立法的にも，貸金業法が改正され，上記のような例外は姿を消したのです。現在，消費者金融業界では生き残りをかけたビジネスモデルの転換が試みられている最中です。

【重要な条文】民事調停制度の目的（民事調停法1条），調停機関（同法5条・6条），調停の成立・効力（同法16条），仲裁合意（仲裁法13条），仲裁判断の効力（同法45条・46条），少額訴訟の要件（民事訴訟法（以下，法という）368条，民事訴訟規則（以下，規という）223条），一期日審理の原則（法370条），判決の言渡し（法374条），判決による支払猶予（法375条），少額訴訟判決に対する異議（法378条），支払督促の要件（法382条），支払督促の発付（法386条），仮執行宣言（法391条），督促異議（法390条・393条），支払督促の効力（法396条），コンピュータ処理による督促手続の特則（法397条〜399条）

🐾 もっと勉強したい人のために——

日本調停協会連合会編『調停による円満解決』（有斐閣，2022年）…調停制度についてさまざまなケースを紹介して解説した書物。

近藤昌昭ほか『仲裁法コンメンタール』（商事法務，2003年）…新仲裁法の注釈書。

小島武司＝猪股孝史『仲裁法』（日本評論社，2014年）…仲裁法の体系書。

山本和彦＝山田文『ADR仲裁法〔第2版〕』（日本評論社，2015年）…ADR法および仲裁法の教科書。

山本和彦『ADR法の現代的課題』（有斐閣，2018年）…ADR法に関する著者の論文集。

4　処分禁止・占有移転禁止の仮処分

　このような経緯はあったものの，しばらくは金田のほうからもとくに音沙汰はなかったので，こちらも日ごろの忙しさにかまけて忘れていたが，ある日突然，仮処分命令というものが裁判所のほうから配達されてきた。例によって何がなんだかさっぱり訳がわからなかったが，とりあえず読んでみると，中には，私の建物を誰か他の人に処分してはいけない，だとか，他の人に貸してはいけない，だとかいうようなことが，難しい言葉で書いてあった。「自分の建物をどうしようが，俺の勝手だろう…」と無性に腹が立ったが，その命令の債権者とかいう欄に金田の名前があったので，どうやらこれも金田の差し金に違いない。「それにしても，裁判所ともあろうものがあの金田の言い分だけを信じて，こちらの話も全く聞かないでこんな命令を出すとは…」と信じられない気持ちがした。

　とにかく放っておくわけにはいかないので，またまた弁護士会の法律相談を訪れてみた。すると，この間とは別の弁護士先生が出てきたので，また話を一からしなければならなかったが，何とか話が通じると，こんな風なことであるらしかった。

　「なるほど…。それじゃ，どうやら，地主さんのほうでは訴えを起こして，訴訟で決着をつけようと考えておられるよ

うですね」

「何ですって…。訴訟ですって。こりゃ，訴訟を始めたという印なんですかい」

「いやいや，そういうことではないんですが…。ただ，訴訟を始める前提として，とりあえず平さんがいまのお宅を誰かに売ってしまったり，貸してしまったりして，訴訟の相手方が変わってしまうことを防ぎたいということなんですよ」

「そんな馬鹿な…。私はこの家にずっと住んできたんですよ。いまさら売るとか貸すとかそんなことするわけありませんよ。そんなことをするくらいなら，金田から出て行ってくれと言われたときに，さっさと出て行ってますぜ」

「たしかにおっしゃるとおりでしょう。ただ，これは純粋に訴訟の手続の1つなんです。いいですか，ちょっと難しい話ですが，仮に金田さんが土地の明渡しの訴訟を起こしたあとに，平さんが家を誰かに売ったとします…」

「だから，そんなことは絶対にしません」

「いやいや，あくまでも『仮に』ですよ。それに，金田さんのほうでは，平さんのお考えはわからないわけですからね…。とにかく仮にそのような建物の譲渡がありますと，仮に金田さんが平さんに訴訟で勝っても…」

「私は負けませんよ。何で金田の野郎なんかに…」

「まあまあ落ち着いてください。全部仮の話なんですから，そういちいち興奮されては説明ができませんよ」

「申し訳ありません。どうも金田のこととなると，つい気が立っちまって…」

「それで，仮に金田さんが訴訟に勝っても，平さんから建物を譲り受けた人をその判決で立ち退かせることができない

のです。訴訟の判決というのは，その訴訟の当事者の間でしか効果がないものなので，第三者である譲受人にはいっさい効果がおよびません」

「なるほど。そんなもんですかい」

「そこで，金田さん…，つまり原告としては，訴訟をやっている間に被告が建物を売ったりしないように，ここにある仮処分というのをかけるわけです。こうやっておけば，仮にこの仮処分に反して被告が建物を譲渡しても，原告は後で裁判所から出る判決によって譲受人にも強制執行ができるということになります」

「なるほど。わかったような気がします。ただ，それならそうと，裁判所のほうでも私らに一言相談してくだされば，何もこんなにあわてることはないんですが…」

「たしかに。ただですね，もし事前に平さんの話を聴くと，金田さんが仮処分を申し立てていることがわかってしまいますから，逆に仮処分が出る前に処分されてしまうかもしれないわけで…」

「何ですって。痩せても枯れてもこの平凡吉，平家の名誉に掛けてもそんな汚い真似はいたしませんぞ…」

「だから，落ち着いて。あくまでも一般論ですよ…。そういうことを考えると，裁判所としては仮処分の相手方を事前に審尋，つまり話を聴くことができないのです。ただ，そのぶん，命令が出たあとで，不服があれば，保全異議といってあらためて裁判所に文句が言えることになっています」

「そうですかい。じゃあ，その保全異議とやらを申し立てればいいわけですね」

「ええ。ただ，平さんの場合には，とくに売ったり貸した

りする予定がないのであれば，別に仮処分がついたままでも，実際にはとくに不都合はありません。仮処分があっても，いままでどおり暮らし続けることはできますからね。そうだとすれば，あえてこの段階では争わずに，訴訟で全部決着をつけるということも十分考えられると思いますよ。もし相手がぐずぐずしているようでしたら，裁判所に起訴命令というのを出してもらって，訴えの提起を催促するような制度もありますし…」

「なるほど」

というようなわけで，だいたいの話を聞くと，どうやらそれほどあわてふためくことはないということのようだったので，少しは落ち着いた気分になって家に戻ってきた。また，当分生活にも影響はないということなので，とくに保全異議というのも起こさずに黙っていることにした（もっとも，後で家の登記簿を見ると，この仮処分というのがでかでかと出ており，登記を汚されたことにあらためて腹を立てることになったが）。ただ，訴訟が起こされるという話だったので，それからは毎日，今日か明日かという落ち着かない気分で過ごすことになった。

実際に訴訟が提起され，訴状が私のところに送られてきたのは，そのイライラが頂点に達して，起訴命令とかいう催促をやってみようかと思い始めた翌年1月のことであった。

民事保全制度の概要

❀保全処分の存在理由・特徴

平凡吉が第1撃を食らった処分禁止の仮処分や占有移転禁止の

仮処分というのは，**民事保全処分**の1つの種類です。そこで，ここでは，民事訴訟を行うにあたって多くの場合に必要不可欠な道具となる民事保全の制度について，簡単に説明しておくことにしましょう。

　民事保全処分には，大きく分けて3つの種類があります。1つは，お金の支払の請求権を保全するために行われる**仮差押え**です。第2は，物の引渡し・明渡しの請求権を保全するために行われる処分禁止・占有移転禁止の**仮処分**です（平凡吉の場合はこれです）。第3に，放っておくと，問題の権利関係に取り返しのつかない損害が発生したり，緊急避難的な措置が必要とされる場合に行われるその他の仮処分があります（「**仮の地位を定める仮処分**」といいます）。たとえば，自分の名誉を毀損する雑誌の出版の差止めを求める場合は，その雑誌の出版日までの間に裁判所の判断を得ないと，原告の名誉に取り返しのつかない損害が発生する可能性があります。このような場合には，仮に出版を禁止する仮処分をもらうというわけです。この仮の地位を定める仮処分は，仮差押えや他の仮処分とはかなり異なる性質をもっています。

　このような保全処分というものが必要とされるのは，一般に訴訟には時間がかかるからです。今日訴えを出して，明日判決をくれるならば，保全処分は普通要りません。しかし，訴訟は当事者の権利義務の関係を最終的に確定し，国家権力をもってその内容を強制するものですから，どうしても慎重に時間をかけて審理を進めることが必要になります。控訴や上告がされれば，さらに時間を要します。ただ，その間，放っておきますと，被告は自分の財産を売ったり，どこかに隠したりしてしまうかもしれませんし，訴訟を起こしてもその結果が執行できず，無駄になってしまうか

もしれません。そこで，判決で最終的な裁判所の判断が確定するまでの間，現状を一時凍結したり，一定の法的状態を創り出して，判決が無駄にならないような暫定的な措置を認めることにしたのが，この民事保全の制度なのです。

　以上のような保全処分制度の意義から，それには以下のような特徴があります。まず，保全処分は，**本案訴訟**に時間がかかるために作られた制度ですから，当然のことながら，訴訟よりも速い処理が求められます（**迅速性**といいます）。もちろん，迅速さと正確さが両立しにくい場合もありますが，そのようなときも，保全処分においては迅速性により大きなウエイトが置かれるということになります。

　第2に，そのように正確さが犠牲にされる場合もあるわけですから，後で保全処分の結果をチェックするシステムが不可欠です。つまり，保全処分の結果は本案訴訟の結論が出るまでの一時的な法律関係の形成にとどまるものです（**暫定性**といいます）。訴訟で保全処分とは異なる結果が出た場合には，保全処分による権利関係は覆されることになります。

　最後に，保全処分は，その実効性を確保するため，債務者に知らせずに発令されるのが原則です（**密行性**といいます）。もしあらかじめ保全処分が発令されることが債務者にわかれば，債務者による資産の処分・隠匿行為を招き，保全処分が無駄になってしまうおそれが大きいからです。

　ただ，これらの原則的な性質は，前に説明した仮差押えや処分禁止・占有移転禁止の仮処分にはよく当てはまりますが，仮の地位を定める仮処分はやや特殊で，必ずしもこのような性質がストレートに認められるわけではありません。

✿保全処分の手続

　以上にみたような保全処分の特徴は，その審理，決定，執行および不服申立てのそれぞれの手続のなかに現れています。まず，**保全命令手続**は，債権者の申立てによって開始されます。**申立書**のなかで，どの財産に対して仮差押えをするか，どのような内容の仮処分を求めるかなど，債権者は自らが望む保全処分の内容を明らかにしなければなりません。裁判所はその申立てに従い審理を行いますが，その際には，債権者の話を聴く**審尋**と債権者の提出する文書証拠だけを判断材料にするのが原則です。これは前に述べた密行性・迅速性の要請に従ったものですが，後に述べるように仮の地位を定める仮処分事件では債務者や第三者の審尋も行われることがあります。

　さて，審理の焦点になるのは，債権者に保護すべき権利があるか否かという点（**被保全権利**といいます）と，債権者をいますぐ保護する必要があるか否かという点（**保全の必要**といいます）の2点です。債権者に権利がなければ，保全処分を出しても後で本案訴訟でひっくり返されてしまいますし（保全処分の暫定性），本案訴訟によらずに保全処分を出すからには，本案訴訟を待ってはいられないような特別の必要性が要求されるわけです。ただ，保全処分の迅速性から，これらの立証は本案訴訟と同じ程度の証明が要求されるのではなく，より軽い程度の証明（**疎明**といいます）でよいとされています。実際にも，多くの場合は，裁判官による債権者の面接と書証の審理だけで，比較的簡単に発令されます。ただ，後に説明するように，労働関係の仮処分や出版差止め・建築差止めなど特殊な分野の仮処分では，本案訴訟と変わらない審理がされることもあります（これを**仮処分の本案化**などとよびます）。

　社会のIT化が進むにつれて，インターネットをめぐってさまざまな紛争が生じています。たとえば，インターネットの掲示板サイトなどで虚偽の情報を流されて企業の売り上げが低下したとか，やはり掲示板サイトなどで勝手に自分の住所や写真を掲載されてプライバシーが侵害されたとか，さらに自分のホームページに他人の著作物をそのまま転載するとか，さまざまな類型の紛争が生じています。このような場合，インターネットでは匿名による情報発信が可能になるため，被害者としては，そもそも加害者がどこの誰かすら把握するのは困難です。そこで，被害者はまず発信者情報を保有するプロバイダー等に対してその開示を求め，次いで発信者に対して違法な情報発信の停止や損害賠償を求めることになります。このような紛争は，性質上，放置すると情報が加速度的に拡散していくと考えられますので，迅速な紛争解決が必要とされます。ただ，他方では表現の自由に関わる問題ですので，どの範囲で仮処分によって迅速な対応を図るのか，困難な問題を提起しています。

　保全処分について以上のような審理がされ，被保全権利や保全の必要という要件が認められると，保全処分の決定が発令されます。逆にそれらの要件のいずれかが認められませんと，申立却下の決定がされることになります。保全処分の決定には理由の要旨が付されることになっていますが，通常それは簡単なものです。

　発令の関係で実際上重要なのは，**担保**の制度です。裁判所は，ほとんどの場合，債権者に担保を立てさせてから，保全処分を発令する扱いをとっています。この担保は，もし仮に保全処分が誤っていた場合に，債務者に生じる損害の賠償を担保するものです。たとえば，不動産を仮差押えされた債務者は，それを高い値段がつく時期に売却できずに損害をこうむるかもしれません。保全処

分の暫定性の結果，後にその結果が覆されたとしても，損害が賠償されなければ，債務者の地位が十分に保護されたことにはなりません。そこで，この担保の制度が置かれているわけです。

　ただ，債権者の側からみれば，担保金の調達が保全処分を得るための大きなハードルになっていることも否定できません。その実際の額は各裁判所の運用に委ねられていますが，保全される債権の額か，保全処分の対象物の価格を基準とする例が多いようです（たとえば，債権の仮差押えについては，被保全債権額の10〜30％程度が一応の基準とされているようです）。

　迅速な保全の必要があるために保全処分が認められたのですから，債権者は保全処分の決定に基づいて直ちにその内容を執行することができますが，逆に命令が出てから2週間以内に執行しないと，保全処分は効力を失うことになっています。保全処分の執行は，通常の判決の強制執行の差押え等の手続とほぼ同じです（強制執行については，第16章で詳しく説明します）。処分禁止の仮処分や占有移転禁止の仮処分については若干特殊な問題がありますが，これは後で述べましょう。

　発令された保全処分に対して不服がある債務者は不服申立てができますが，その方法はやや変わっていて，上級の裁判所に上訴をするのではなく，保全処分を出したその裁判所に文句を言う，**保全異議**の方法によることになっています（なお，保全処分の申立却下決定に対しては，債権者は**即時抗告**という方法で，上級の裁判所に不服を言います）。というのは，保全処分の発令の段階では債務者の言い分を聴く機会がないものですから，上級裁判所にいきなり行ってしまうと，債務者は1回しか自分の言い分を聴いてもらえなくなって不公平になるからです。以前は保全異議は訴訟の形で

行われていましたが，1989年の民事保全法の制定後（施行は1991年）は保全異議も決定の手続によることになり，迅速化が図られました。決定手続では，訴訟と違って，公開の口頭弁論を開く必要はなく，証拠調べも簡略な手続で足り，書面審理を中心に柔軟かつ迅速に審理を進めることができます。ただ，保全異議は，通常の決定手続よりは慎重な手続が求められ，必ず両当事者の立ち会うことができる期日を開く必要があるなど，当事者の手続保障に配慮がされています。

　なお，保全異議の決定に対しては，不服のある当事者は**保全抗告**という形でさらに上級審に不服申立てをすることができます。そのほか，平凡吉が説明を受けたように，保全命令が出た後に債権者が訴訟を提起しない場合は，債務者は債権者に対し訴えの提起を命じる**起訴命令**を裁判所に発してもらい，債権者がそれに従わない場合には保全処分の取消しを求めることができるものとされています（また，本案訴訟で債権者が敗訴した場合などにも，保全処分は取り消されます）。

　　民事保全法の制定◆「出しやすく取り消しやすい保全処分」へ◆────
　　　　1989年の民事保全法の制定によって，従来民事訴訟法の中に規定されていた保全処分の制度について単行法が作られ，制度がわかりやすくなりました。この法律が作られた大きな眼目をスローガン的にいえば，「出しやすく取り消しやすい保全処分」への転換というものでした。それまでは，保全処分がいったん出ると，異議による取消しは判決手続によるために相当の時間がかかりましたが，その結果，逆に裁判所は発令の段階で慎重に審理せざるをえませんでした。民事保全法はこのような悪循環を断ち切り，保全処分本来の制度趣旨に立ち返り，迅速に保全処分を発令して債権者の利益を保護する一方，それが誤っていると判明した場合にはまた迅速に保全処分を取り消して

債務者の利益を守るという，より軽やかな制度をめざし，その成果を挙げているとされます。

❀仮差押え

以上に紹介してきた保全処分のなかで，最も典型的なものが**仮差押え**です。これは，訴訟をやっている間に債務者が資力を失ったり，あるいは故意に資産を処分したりして，せっかく勝訴判決を取っても，債権者が債権を回収できなくなるような事態を防ぐために，とりあえず債務者の資産の現状を凍結しておくものです。たとえば，債務者の不動産をまず仮差押えしておき，勝訴判決を得た後にそれに基づいて強制執行をすることで，債権者は確実に債権を回収できることになるわけです。また，このような仮差押えをしておけば，訴訟手続中に他の債権者がその財産に強制執行や担保権の実行をかけても，仮差押債権者に配当されるべき分は訴訟の決着がつくまで供託されますので，心配はないのです。

ただ，仮差押えを無制限に認めると，債務者の事業経営などに大きな影響を与えるおそれがあります（たとえば，債務者会社の当座預金に仮差押えがかけられる場合を想像してみてください）。そこで，民事保全法は，債権者と債務者のバランスをとるため，債務者が一定の額の金銭を供託すれば仮差押えの執行を取り消してもらえる**仮差押解放金**の制度を設けています。この金額は通常は債権者の債権額をもとに決められますが，その額を供託しておけば，債権者の債権保全の目的は達成されますし，債務者も財産の処分権を回復できることになるわけです。

❖占有移転禁止・処分禁止の仮処分

平凡吉のケースでも問題となった**処分禁止の仮処分**や**占有移転禁止の仮処分**など、とくに不動産に関する仮処分が保全処分のもう1つの典型的な類型です。不動産の明渡しの訴訟や登記の移転を求める訴訟を提起した後に、債務者がその不動産の占有や登記を第三者に移転してしまいますと、仮に明渡しや登記移転の判決が後に出されても、その判決を実現することはできなくなります。判決の効果は当事者間にしか生じず、占有や登記を得た第三者には効果が及ばないからです。そこで、このような仮処分の制度を設けて、仮処分に反して第三者が占有や登記を取得したときは、例外的に債務者に対する判決の効果をその第三者にも及ぼし、明渡しや登記移転の実行ができることにしたものです。

ただ、それが第三者の利益を害さないためには、その第三者がそのような仮処分の発令を知るような機会を与えておかなければなりません。第三者が仮処分を知らないのに、そのような効果が後からかかってくるとすると、誰も安心して不動産を買ったり借りたりできなくなるからです。そこで、処分禁止の仮処分の場合には（平凡吉も怒っていたように）そのことを示す登記がされ、占有移転禁止の仮処分の場合にはそのことを示す「はく離しにくい方法による公示書の掲示」がその不動産自体にされることになっています。

なお、平凡吉の場合は本案訴訟が建物の収去（取壊し）と土地の明渡しを求めるものですが、このような場合には、彼が経験したように、建物に処分禁止の登記をし、さらに占有移転禁止の掲示をすることにより保全処分がされます。そして、平凡吉が敗訴しますと、仮にその間に第三者が建物を買ったり、借りたりして

いても，地主の金田は勝訴判決に基づき，その第三者に対しても
建物の取壊しや立退きの強制執行を行うことができるわけです。

❖その他の仮処分

　以上のような仮差押えや処分禁止・占有移転禁止の仮処分が典
型的な保全処分ですが，そのほかにも多くの種類の仮処分があり
ます。実体法上，何らかの権利（被保全権利）が債権者に認めら
れており，それを保全するために一定の措置が必要であれば（保
全の必要），その措置の内容については裁判所に広い裁量の余地が
認められているのです。そして，これらは**仮の地位を定める仮処
分**として，やや特殊なルールが適用になることは前に述べたとお
りです。

　とはいっても，実際に仮処分が問題になる事件の類型にはある
程度定型的なものがあります。その代表例としては，労働関係の
仮処分と差止めを求める仮処分が挙げられます。

　労働仮処分としては，不当に解雇されたと主張する労働者が解
雇の無効を主張して，労働者としての地位の保全と賃金の仮払い
の仮処分を求めることが多いようです。この場合には，使用者が
仮処分に従い賃金を払ってしまい，後に解雇が有効であったと判
断されたときに，その返還を求めることができるかが問題になり
ます。そのような問題があるので，裁判所はその審理に慎重にな
らざるをえず，結局仮処分であるのに審理の内容は本案訴訟とあ
まり違わないという仮処分の本案化をもたらしたところです。も
っとも，最近では仮処分で認める賃金の範囲を限定して迅速な処
理をするような運用もされているようです。また，司法制度改革
の結果，3回以内の審理で調停を試みながら，それが失敗した場

合には審判をし，当事者に異議がある場合には訴訟に移行するという**労働審判**の手続も活用されています。

　もう1つの類型としては，**差止め**の仮処分も活用されています。差止めの対象はさまざまで，名誉毀損の場合の出版の差止めや日照権などを根拠とした建物の建築の差止めなどのほか，公害等の場合の汚染物質の排出や騒音の発生の差止めの事例などがあります。ここでは，そのような被保全権利（人格権や環境権）が実体法上認められるのかという問題のほか，債権者が差止めの内容をどの程度特定する必要があるのかも問題とされます。たとえば，航空機の騒音を出さない具体的な方法を債権者（被害者）が指定する必要があるのか，単にXデシベル以上の騒音を発生させないように求めれば足りるのか，といった問題です。一般には，あまり厳格な特定は必要でなく，とりあえず間接強制によって相手方に履行を強制できる程度の概括的な措置の特定で足りると理解されています。通常の場合，公害等の被害者よりも加害企業などのほうが被害を防止できる措置の内容に詳しいと考えられるためです。

㋑処分の大活躍◆銀行の統合阻止からプロ野球まで◆─────────
　　21世紀になって以降，仮処分，とりわけ仮の地位を定める仮処分の大活躍には，目を見張るものがあります。たとえば，2004年の7月には，UFJ信託と住友信託の経営統合をめぐって，独占交渉を定めた当初の合意に反してUFJが東京三菱銀行と経営統合交渉を行ったため，住友信託がUFJに対してそのような交渉の差止めを求める仮処分を申し立てました。また，同じ年の8月には，プロ野球の球団（オリックスと近鉄）合併による球団数の減少（さらに1リーグ化）をめぐる紛争の中で，プロ野球選手会がプロ野球機構を相手方として団体交渉を求める仮処分を申し立てることもありました。これらの事件は，従来であれば行政や政治が舞台裏で解決したり，権利義務の意識

もされないまま，いわゆる実力者が陰で解決したり（当時の巨人軍オーナーの「たかが選手」という発言はそれを象徴しているとも言えます）していた紛争が司法の場に現れてきたということです。これはまさに司法制度改革が目的とし前提としてきた社会の変化といえますが，それが仮処分の場に現れたということは，透明性とともにスピードを求める社会の実情を反映したものでしょう。前記のUFJの事件で，保全裁判所から，保全異議審，保全抗告審さらに許可抗告審＝最高裁までわずか1カ月余りで判断がされたことは，司法が正面からこのような要求に応えていこうとする姿勢を示したものと見られます。

【重要な条文】保全処分の要件等（民事保全法13条），保全決定書（民事保全規則9条），申立書（同規則13条），担保（同法14条），仮差押えの必要性（同法20条），仮差押解放金（同法22条），仮処分の必要性（同法23条），保全異議（同法26条），起訴命令（同法37条），保全抗告（同法41条），処分禁止の仮処分の執行（同法53条），建物収去土地明渡請求権保全のための建物処分禁止の仮処分の執行（同法55条），処分禁止の仮処分の効力（同法58条），占有移転禁止の仮処分の効力（同法62条），占有移転禁止の仮処分の執行方法（同規則44条），労働審判（労働審判法）

🖊️もっと勉強したい人のために──

瀬木比呂志『民事保全法〔新訂第2版〕』（日本評論社，2020年）…民事保全法に関する体系書。

上原敏夫ほか『民事執行・保全法〔第6版〕』（有斐閣，2020年）…民事執行法・保全法の簡単な概説書。後半部分が民事保全法。

山本和彦ほか編『新基本法コンメンタール民事保全法』（日本評論社，2014年）…民事保全法の注釈書。

江原健志＝品川英基編著『民事保全の実務〔第4版〕上・下』（金融財政事情研究会，2021年）…東京地裁保全部の実務運用を明らかにした書。

5 訴えの提起から弁護士との相談へ

●清水の舞台から飛び降りる平凡吉●

　私，平凡吉に，裁判所から訴状が送られてきたのは，2020年1月20日のことであった。そのときは，一瞬頭の中が真っ白になり，何が何だかわけがわからなくなってしまった。心の準備はしていたつもりだったのに，平凡吉一代の不覚である。しかし，後から考えてみれば，まあ取り乱すのも無理がない点はあった。訴状には，原告・金田金造の横に，「被告」として私の名前があったのである。「被告」とは…。自慢じゃあないが，平家の唯一の誇りは，源平合戦で都を落ち延びて以来，先祖代々誰1人としてお上のご厄介になるような奴を出していないというところにあったのである。それが，この私の代になって，裁判所に引き出されることになろうとは…。ご先祖様に合わせる顔がないとはまさにこのことである。

　でも，とにかく何とかしなければならない。ふと，去年の秋に行った法律相談で聞き込んできた，お金がなくても弁護をしてくれるという法律扶助とかいう話を思い出した。そこで，駅前のビルの中にある法テラスというところに出かけていってみたのだが，そのときのやりとりから。

　「というわけで，裁判所からの訴状が来てしまったんですよ」

　「どれどれ，ちょっと拝見…。なるほど，借地契約の終了

に基づく建物収去土地明渡請求事件ということですな」

　「いや，全くの言い掛かりなんですよ。そもそも，金田という奴は名前のとおり金の亡者でして…」

　「まあ，内容の話はまたあとでゆっくりとうかがうとして，法律扶助による代理人の選任をご希望ということですね」

　「そうなんです。前に弁護士会の法律相談で，何かそういう話を聞いたもんで」

　「法律扶助を受けるには，まず弁護士さんをつけるについての十分な資力がないことが条件になります。それから，その事件がそれなりに勝ち目のあるものである必要もあります」

　「いや，自慢じゃないですが，お金がないことにかけちゃあ，私は人には負けませんぜ。昔から宵越しの銭はもたないという生き方をしてきましたから」

　「平さんは2人暮らしですよね。すると…，だいたい年収300万円より下でなければならないんですが…」

　「ええ，そりゃまた…。いまどきそんなんじゃ，生きていけないんじゃないんですか」

　「法テラスには予算が十分にないものですから，ちょっと厳しい基準なんですが，しかたがないんですよ。だから，普通は離婚のときの主婦の方とか，生活保護を受けている方とか，そういった収入がないような人しか，残念ながらなかなか対象になってこないんですよ」

　「そうですかい。何てこった，私は思ったより金持ちなんですねー」

　というようなわけで，私は，幸か不幸か，法律扶助という形で援助は受けられないらしいということがわかったので，結局，法学部を卒業した甥っ子の凡太郎の大学の先輩で，昨

年独立して事務所を開業したばかりの秀山優一弁護士を訪ねることになった。それが1月27日のことであった。これは本当に清水の舞台から飛び降りる覚悟だった。甥の知り合いということだから，多少はまけてくれることを期待したが，それでもやっぱり弁護士さんである。目の玉が飛び出るほど吹っかけられるに違いない。それでも，この件はお金に代えられるものではなかった。私の「故郷」を守る戦いなんだ，という思いが，もう何十回目か，頭に浮かんできた。

　秀山先生は，思ったよりもずっと温和な人で，本当に親身になって相談に乗ってくれた。

　「…というようなわけで，地主の金田から訴えられて，裁判所からこんな書留が来ちまったんですが，先生は私の味方になってくれますかい」

　「なるほど，事件の内容はよくわかりました。問題は，借地契約の更新拒絶について正当事由が認められるかどうか，といった点に絞られてくるでしょうね。かなり難しい争いになりそうですが…。わかりました。ほかならぬ平君の伯父さんのことですし，お引き受け致しましょう」

　「やってくれますか。ありがとうございます。本当にありがとうございます」

　「とにかく全力を尽くします。ただ，かなりの長期戦になることは覚悟していてくださいよ。一審で終わればいいですが，ひょっとして最高裁までいくということになれば，5年か，あるいはそれ以上かかるかもしれません」

　「それまではいまのところで暮らせるんですかい」

　「それはそうです。ただ，地主は地代を受け取らないでしょうから，毎回法務局に供託する必要がありますが…。まあ，

そのあたりは，おいおいお話しすることにしましょう」

「それで先生，ちょっと言いにくいことなんですが，お礼のことなんですが…。私らは，しがないサラリーマンなんで先生に十分なことができるかどうか，気がかりなんです。そのあたりはいったいどんなもんなんでしょう」

「報酬については一応，私どもの事務所で基準を作っていまして，それに基づいて頂くことになっています。訴訟代理の報酬は，着手金と成功報酬に分かれていますが，それぞれ事件の対象の経済的利益に基づいて決まることになります。本件は土地の明渡しですから，土地の時価の半額が基準となります。先程のお話ですと，土地が50坪ですから，仮に坪80万円とすると，4000万円，その半分で2000万円というのが経済的利益ということになりますね。この場合，えーっと…。まず最初に頂く着手金が109万円，そして訴訟に勝った場合にはさらに成功報酬として218万円頂くのが原則になります」

「ええ，109万円ですって…」

「ただね，もちろんこれは基準料金のお話でして，お客様のそれぞれのご事情に合わせて調整はきくんですよ。平さんの場合にはいろいろとご事情がおありでしょうし，一度にお支払いいただくのもたいへんでしょうから，どうでしょう，とりあえず50万円ほどお支払いいただいて，後はボーナスの時にでも少しずつ入れていただくことにして，着手金合計80万円というのでは…」

「とりあえず50万円ですか…。わかりました。お願いします」

ということで，頭金として50万円を払って，引き受けて

もらうことになった。これで秀山先生に引き受けてもらえな
いと，たいへんなことになるので，もう必死だった。また，
たまたま一人娘の結婚資金をずっと貯めてきたのが，昨年2
人だけの海外結婚式とかいう，わけのわからないことをやっ
てくれたお陰で，結局その分がそのまま手付かずで残ってい
たことを思い出したのである。あとまだ30万円も納めなけ
ればいけないが，ボーナスとか退職金の前借りとかで，それ
は何とかなるだろう。それにしても，やっぱり弁護士さんは
高い，とそのときは思った。もっとも後になって振り返って
みると，秀山先生は誠実にしっかりとやってくれたので，決
して高い買い物ではなかったと思ったのではあるが…。

弁護士への委任，訴えの提起

❁訴訟代理

　民事訴訟を起こしたり，起こされた訴訟に応訴したりするには，
必ずしも弁護士を立てる必要はなく，当事者本人で行うことも許
されています（ただし，未成年者など**訴訟能力**がない当事者は法定代
理人による代理が必要とされます）。そのような，当事者が自分で行
う訴訟のことを**本人訴訟**とよびます。ただ，外国では（少なくと
も地裁レベル以上の裁判所では），弁護士による代理を必ず必要とす
る弁護士強制主義を採用しているところも，ドイツやフランスな
ど多くあります。

　訴訟は，いかに国民にわかりやすいものであることを心がけた
としても，所詮は専門的な部分が残らざるをえませんので，弁護
士強制主義を採用したほうが円滑な訴訟進行が可能になることは

たしかです。もちろん，この規制緩和の時代に弁護士強制主義を採用することには反対も強いでしょう。しかし，規制緩和は弁護士業界への参入規制や競争規制の緩和，さらに法律業務のある部分を弁護士以外に開放するような方向で展開すべきものであり，訴訟自体には（医療行為などと同様）業務の独占を認めるのがやはり効率的になるのではないでしょうか。

　ただ，弁護士を強制するには，その前提として，当然それに見合った豊富な数の弁護士のサービスをリーズナブルな価格で購入できることが不可欠の条件になります。1996 年の民事訴訟法改正のなかでも**弁護士強制主義**の採用について議論がされましたが，そのような制度的条件が未だ十分に整っていないこともあり，時期尚早として見送られました。実際，2021 年現在で，地方裁判所で双方に弁護士の代理が付いている事件は 48% にとどまっており，逆に 7% の事件はなお双方が本人訴訟となっています。法曹人口の増加により，徐々に弁護士代理の率は増えていますが，まだまだ本人訴訟が一定の割合を占めています。簡易裁判所の場合はさらに極端で，約 76% が双方本人の訴訟です。ただ，簡裁では，裁判所の許可を得れば，当事者である会社の社員や当事者の親族による代理も認められていますが，地裁では，当事者が代理人を立てる場合には，その代理人は必ず弁護士でなければならないという**弁護士代理の原則**が適用されます。

　いずれにせよ，制度のうえではともかく，実際には弁護士を代理人にしないと訴訟に勝ち目はないと平凡吉が考えたのはしごくもっともなことで，今後は，弁護士数の増加・法律扶助制度の充実・弁護士費用保険の普及など弁護士強制主義の採用に向けたインフラの整備が不可欠となってくるでしょう。

❀法律扶助

　次に，平凡吉が希望しながら，結局は援助の条件を満たさない
として断られてしまった**法律扶助**の制度について説明しましょう。

　この制度は，日本では戦後行われるようになったもので，財団
法人法律扶助協会という弁護士会の外郭団体的な組織が国からの
補助金やさまざまな寄付金などを受けて実施してきた事業です。
具体的には，一定の水準を下回る収入しかないが，その訴訟で勝
訴の見込みが十分にあるような当事者に対して，法律扶助協会が
弁護士報酬を立替負担するという制度でした。十分な資力のない
人にも裁判を受ける権利を保障することを目指したものです。

　ただ，ここで注意しなければならないのは，法律扶助では，弁
護士報酬は貰えるのではなく，あくまでも立て替えられるだけで，
当事者はいずれその立替額を返済しなければならないという点で
す。その意味で，この制度は，貧困者に対する弁護士費用の無利
子での融資の制度にすぎません。もちろん返済能力を欠くような
当事者，たとえば，訴訟に勝訴しても金銭的な利益を得られない
ような離婚訴訟の当事者などの場合には，返済が免除される可能
性はあります。ただ，そのような免除の対象は，生活保護の受給
者に匹敵するような，ごく貧困の当事者に限られているようです。
また，平凡吉が身をもって示したように，法律扶助を受けるにあ
たっての収入の要件も厳格で，必要とされる資力はかなり低い水
準に設定されているようです。

　このような法律扶助の問題点の原因が，この制度の慢性的な資
金不足にあることは明らかです。国からの補助金は長く１億円前
後に据え置かれていましたが，他方で法律扶助協会の活動の範囲
は社会の要請に応じて拡大していく一方でした（刑事の当番弁護士

の援助や難民の援助，さらには少年事件での付添弁護士の援助など）。少しずつ国からの補助金は増加する傾向にありましたが，それでも諸外国の水準に比べれば著しく見劣りがするものであったことは否めません。そのため，この制度の充実のため，2000 年，民事法律扶助法が成立し，さらに，2006 年，総合法律支援法という法律が成立し，**日本司法支援センター**という新しい組織が立ち上がり，そこが法律扶助協会に代わって法律扶助の事業を行うことになりました。これは，「社会全体を法によって照らす」という意味も込めて，「法テラス」という愛称で呼ばれています。

　法テラスは，2021 年 3 月現在，全国 50 か所に地方事務所を置くとともに，11 か所の支部のほか，いわゆる司法過疎地域を中心に，37 か所の地域事務所を設けています。各事務所には，常勤のスタッフ弁護士を置くとともに（全国で 194 人），その他に弁護士や司法書士と契約を結んで業務を行っています。主な業務は，ここで問題となっている民事の法律扶助のほか，法・司法に関する情報の提供，刑事の国選弁護人の選任態勢の確保，司法過疎対策，犯罪被害者支援など多岐にわたっています。法テラスが十分機能することによって，困った問題を抱えた市民はとりあえず法テラスのコールセンターに連絡すれば，適切な機関に取り次いでもらえ，問題が深刻化しないうちに法に従った解決を図ることが期待されています。

　🄫テラスの意義◆悩める人の心を「照らす」社会の「テラス」◆───
　　　「司法は高嶺の花であってはならない。」これは，司法制度改革の議論における小泉純一郎内閣総理大臣（当時）の言葉です。このような発言を受け，総合法律支援法が制定されました。日本司法支援センターの愛称である「法テラス」は，このような理念を反映し，法律によって問題解決へと進む道を指し示すこ

とで，相談する人のもやもやした心に光を「照らす」場所という意味と，悩みを抱えている人々が気軽にくつろぐことができる「テラス」のような場所でありたいという意味を込めた造語とされます。また，そのロゴマークは，太陽の形をした傘を模したものですが，相談する人々を明るい光で照らして守りたい，困っている人々に傘を差し掛けて支援したいとの願いが込められていると言います。法テラスは大きな成果を挙げてきていますが，未だ日本社会に完全に定着したとまでは言い難く，この制度の成功は，司法が身近なものになり，真に法の支配を日本社会に貫徹させることができるか否かを左右することとなるでしょう。

❄訴訟費用

　当事者は原則として訴訟に要する費用を自弁しなければなりません。そのような費用としては，弁護士の着手金と報酬のほかに，訴えを起こすときに裁判所に納める裁判手数料や証拠調べの費用（証人の旅費日当や鑑定人の報酬など）が重要なものとなります。**裁判手数料**は訴額に応じて増加していきますので（訴額については，81〜82頁を見てください），訴額が大きくなると決して馬鹿にはならない金額になります（平凡吉は訴訟の被告ですので，裁判手数料の支払はしなくて済みました）。かつて，この高額の裁判手数料が日本での訴訟の提起を抑制しており，その結果として日本企業の競争条件を不当に有利にしているとして，日米構造問題協議等のなかで米国政府から批判がされたほどです。そのこともあってか，高額の訴訟についてはその後手数料が一部引き下げられましたし，司法制度改革の中でも，司法を利用しやすくするために基準の改定がされていますが，それでも訴額1億円の訴訟では32万円，10億円の訴訟では302万円と相当多額になっています。なお，

資力がない当事者には，やはり訴訟費用の支払を猶予する**訴訟救助**の制度がありますが，これも法律扶助同様，運用基準は厳しく，認められにくいようです。

㈱主代表訴訟と提訴手数料◆訴訟費用が社会を変える!?◆

　　株主代表訴訟という訴訟の類型があることは，新聞やテレビの報道でご存じのことでしょう。会社の役員などに違法な行為があったため会社が損害を受けた場合に，その会社の株主が会社に代わって役員に対し損害賠償を請求する訴訟です。このような訴訟の訴額が仮に請求される賠償額であるとすると，それに基づき納めなければならない手数料額も巨額になり，株主代表訴訟を起こす株主はいなくなるでしょう。そこで，さまざまな議論の末，会社法の中で，このような訴訟の訴額は算定が不能として，160万円と決められています（離婚訴訟など財産価値の決められない訴訟の訴額は，便宜上160万円とされています）。その結果，多くの株主代表訴訟が提起されるようになり，企業がさまざまな判断をするについて常に株主代表訴訟の可能性を考慮するようになったと言われます。実際にも800億円を超える賠償を命じた判決も出てきていますが，仮に請求額が訴額となればこのような訴えを提起する株主はいなかったでしょう（800億円の請求では，手数料額は約8600万円となります）。このような事態にはさまざまな評価のあるところですが，手数料の定め，つまりは民事訴訟の費用制度のあり方が社会のあり方を変える可能性を示した1つの事例と言えるでしょう。

　裁判手数料のほか，平凡吉の事件でも今後証人尋問が始まれば，証人への日当等の支払が問題となりますし，立退料の関係で不動産鑑定士の鑑定が必要になってくることも予想されるところです。ただ，これらの訴訟費用は仮に勝訴すれば，相手方から償還を求めることができることになっています。

　最大の訴訟関係の費用である**弁護士報酬**につきましては，かつ

ては，各弁護士会に報酬基準規程というものがあり，その基準額以下での受任は原則として禁じられていました。ただ，資力の乏しい人のためには減免の措置が規定されていましたし，また実際にはこの規程どおりに報酬を請求しない場合も多いと言われ，規程が実情にあっていないという批判もあったところです。

　そもそもこのような規程を弁護士会が定めること自体，業者間での価格調整（カルテル）を禁じた独占禁止法の趣旨と整合的であるのか，また規程の作成にあたって適正費用・適正利潤の検証が必ずしも十分に行われていないのではないか，という疑問もあり，その正統性には疑いも指摘されていました。弁護士報酬は，サービスの供給（弁護士数）が構造的に制限されているため，一般に市場原理に基づく調整が期待できないような価格であるとすれば，それは一種の公共料金ともいえ，電気料金や鉄道運賃のように，消費者の観点からその適正性の検討が不可欠となりましょう。そのため，司法制度改革の論点としても，弁護士報酬の透明化の問題が取り上げられ，結局，2003年の弁護士法の改正により，報酬基準規程は廃止されました。ただ，それでは利用者から見てかえって報酬が不透明になる部分もありますので，各弁護士は，受任に際して，依頼者に対してあらかじめ報酬の体系や算定方法，支払時期等を十分に説明し，報酬内容を含む委任契約書を作成すべきものとされています。従来は「紺屋の白袴」ではありませんが，受任にあたって契約書を交わさない弁護士もいたようですが，現在は弁護士の報酬請求の実務は大きく変わってきています。

　なお，日本では弁護士報酬は勝訴しても相手方から回収できないのが原則ですが，諸外国では訴訟費用と同様に，敗訴者からの

償還を認めるところも多く，この点についても再検討の必要が指摘され，議論がされています（この問題については，第 16 章を参照してください）。

❀訴　状

　民事訴訟の訴えは，**訴状**という文書を裁判所に提出して起こします。各裁判所には，訴状を受け付ける専門の部署があり（これを訟廷係といいます），ここに訴状を出しに行くことになります。郵送でも受け付けてはくれますが，内容に不備がある場合のことを考えますと，出頭して直接渡したほうが作業はスムーズになると思われます（ただし，オンラインでの提訴が認められるようになることは，第 9 章参照）。訴状には，当事者の氏名・住所・電話番号・ファックス番号（従来は，電話で会議をしたり，多くの文書をファックスでやりとりしたりすることになりますので，これら番号の記載が求められましたが，IT 化により，むしろメールアドレス等の連絡先が重要になっています），何についていかなる判決を求めるのか（**請求の趣旨・原因**といいます）といったことを書くことになります。

⛁匿名訴訟

　　訴状に氏名や住所を記載しなければならないことは，従来，当然のことと考えられてきました。しかし，これは一部の当事者にとっては訴訟提起の高いハードルになっています。たとえば，DV 被害に遭ってシェルターに逃げている人がその相手方に対して離婚訴訟を提起する際に，自分の現住所を知らせなければならないとすれば，直ちに生命の危険が生じかねません。また，性犯罪の被害者が加害者に損害賠償を請求するとき，相手方が知らない自分の名前を明らかにすることには大きな心理的抵抗があるでしょう。そこで，2022 年民事訴訟法改正では，

このような場合に，訴状では原告の氏名や住所を秘匿し，裁判
　　所にだけ別途それを知らせるという新たな制度（住所・氏名の
　　秘匿手続）が導入されました。ただ，氏名・住所等の情報が相
　　手方の防御活動に必要である場合には，相手方も例外的に開示
　　を求められることになっています。このような制度により，従
　　来訴訟による保護を諦めていた当事者も，裁判所の救済を受け
　　られるようになることが期待されます。

　現行の民事訴訟法は，訴状をより詳しいものにして，早い段階
から内容に立ち入った審理ができるように工夫しています。1つ
には，原告に対して，そのような請求をする具体的な理由をでき
るだけ詳しく訴状に書くように求めています。かつては，理屈の
うえでは，「原告はその土地の所有者である。被告はその土地を
占有している。だから明け渡せ」という訴状でもよいとされてい
ました（実際にそういう「骨と皮だけの訴状」もあったといいます）。
しかし，現行法のもとでは，明渡しを求める理由をより詳しく，
たとえば，原告と被告の間には賃貸借契約があったが，それがど
のような理由で終了したか，といった事情を書くことが求められ
ています（ただ，それが書いていないからといって，訴状を受け付けて
くれないというわけではありません）。

　また，そのような事実をどのような証拠で立証するのかという
予定も示し，重要な**書証**（文書の証拠）があれば，それを訴状に
添付することも求められます。この事実はこの書証で，こちらの
事実はこの証人の証言で，といったぐあいに書いて，賃貸借契約
書や登記事項証明書などを訴状に添付するといったことが必要に
なるわけです。そのようなことが訴状に記載され，書証が添付さ
れていれば，裁判所も事件の内容を審理の最初から的確に把握し

て第 1 回の口頭弁論期日に臨むことができるため，訴訟の早い段階から充実した実質審理に入ることができることを期待したものです。当事者がこのような記載をするために必要な情報を訴え提起前に収集する手段として，証拠保全や提訴予告通知といった手続がありますが，これは次章で詳しくふれます。

　さて，訴状には当事者の住所・氏名を記載しなければなりません。訴訟では，一般の人（法律用語では「自然人」などとよびますが，自然が好きな人という意味ではありません）や会社など法律の上で人としての人格が認められる法人のほか，法人以外でも代表者を置いて社会的な活動をしている団体（たとえば，学校の同窓会や町内会）も当事者になることができます。また，原告と被告が 1 人ずつというのが訴訟の基本的な形ですが，原告と被告のどちらかあるいは双方が複数になるようなケースも多くあります。平凡吉の事件でも，仮に地主（金田）が土地を妻や子供と共有名義にしていれば共同で訴えを提起してくることも考えられますし，平凡吉が建物を賃貸に出していれば，地主は建物の賃借人も共同被告として明渡しの訴訟を起こすことになったでしょう。訴訟はすべて**当事者**を基準に進められますので，誰が当事者であるかは重要な問題です。しかし，平凡吉といかに親しい友人であっても，また凡吉に同情して訴訟を応援したいと思う読者が仮にいたとしても，訴訟手続に参加することはできません。訴訟に参加して活動を行うためには，その訴訟の結果に法的な利害関係をもつことが必要とされているからです（詳しくは，第 7 章を見てください）。

　また，訴状には，その訴訟で原告が何についていかなる判決を求めるのかという請求を示すことになっています（この請求の中味のことを**訴訟物**ともいいます）。そして，訴訟はすべてこの請求を

めぐって行われます。裁判所もこの請求について判決を下すのであり，原告が土地の明渡しを求めているのに，勝手にお金の支払を命じたりすることはできません。また，いったん訴えを起こすと，その判決が自分に不利になりそうだからといって，同じ問題について別の訴えを起こすようなことは許されません（これを**二重起訴の禁止**といいます）。さらに，判決が出されたときは，その請求については2度と争うことができないという効力を生じることになります（この効力のことを**既判力**といいます）。その意味で，訴えを提起するにあたっては，相手にどのような請求をするのか，慎重に検討する必要があるのです（もっとも，訴えを起こした後でも，訴えの変更はできます。これについては第7章でまたふれます）。

✥管轄・移送

　日本には多くの裁判所があります。原告が訴えを提起するには，まずどの裁判所に行くのかを考えなければなりません。裁判所の側からみれば，具体的なある事件についてどの裁判所が審理・判決をする権限をもつのかという問題になりますが，これを**管轄**（管轄権）の問題とよびます。つまり，原告は自らの事件について管轄を有する裁判所に訴えを起こす必要があるわけです。

　民事訴訟事件の管轄については，まず地方裁判所と簡易裁判所のどちらが管轄をもつかが問題となります（高等裁判所や最高裁判所は原則として不服申立て（上訴）の事件しか扱いません。家庭裁判所は調停や審判のほか，2004年からは人事訴訟を取り扱っていますので，離婚訴訟や親子関係の訴訟事件については家庭裁判所が管轄を有します）。それを決める基準は，訴えで問題となる利益の金額（**訴額**）です。

　訴額が140万円を超える事件は地方裁判所，140万円以下の事

件は簡易裁判所の管轄となります（2004年までは，この基準は90万円でしたが，簡易裁判所を活用するために引き上げられています）。「訴えで問題となる利益」というのは，貸した100万円のお金を返せといった事件では簡単に100万円と決まりますが，その他の事件では実質的に考えていく必要があります。たとえば，平凡吉の訴訟のような場合には，地主が土地を明け渡してもらって得られる利益ということになりますが，具体的には明渡しの対象となる土地の値段を評価して，それに一定の割合を掛けて計算されます（普通は固定資産税の評価額によって土地を評価し，土地の価格が1億円の場合，明渡しによる利益はその2分の1とされ，訴額は5000万円ということになります）。前に書いた訴訟提起の手数料の基準も，同様の方法で決められます。

　地裁か簡裁かが決まったとして，次の段階としては，どこにある裁判所が管轄をもつのかを決めなければなりません（前者の問題を**事物管轄**，後者の問題を**土地管轄**の問題といいます）。その基準は，当事者（被告）の住所と事件の内容です。原則として，原告は，被告の住所地（法人であれば，その主たる営業所の所在地）の裁判所に出向いて行って訴えを起こさなければなりません。提訴によって不意を打たれる被告のところまで原告のほうが出ていくのが筋だからです。ただ，事件の内容によっては，その事件を審理するのにもっと適している裁判所がある場合も考えられます。たとえば，交通事故など不法行為の事件では，実際に事故が起こった場所に最も近い裁判所で審理をするほうが，証拠調べなどに便利でしょう。また，平凡吉のケースのように，不動産に関する事件の場合も，不動産の所在地に近い裁判所でやるほうが適当だと思われます。平凡吉の事件では，原告も被告も同じ町内に住んでいる

のでとくに問題はありませんが，この事件の管轄の基準は被告である平凡吉の住所地（それは同時に係争不動産の所在地ですが）ということになります。

　さて，原告が管轄裁判所を間違って訴えを起こした場合にも，それで即，訴えが駄目になるというわけではなく，裁判所のほうでちゃんとした管轄裁判所に事件を回してくれることになっています（これを**移送**といいます）。ただ，これは被告が管轄について争っていることが前提で，もし被告のほうで争いなく訴えに応じる場合には，仮にそこが管轄裁判所でなくても，そのことで新たに管轄が生じます（これを**応訴管轄**といいます。また，事前に当事者間の合意で管轄を創り出す**合意管轄**も認められています）。さらに，管轄裁判所がいくつもあるときには（たとえば，被告の住所と争われている不動産の所在地が違っていれば，両方の裁判所が管轄をもつことになります），双方の当事者にとって公平であり，また裁判を適正・迅速に進められるような裁判所を選んで，必要があれば適宜移送をするということも認められています。

国際裁判管轄◆裁判の国際化のお話◆

　　最近は，経済活動が国際化し，また国際結婚なども増えているなか，紛争も国際的な規模で発生するようになってきています。そのような国際的紛争を裁判で解決する場合，最大の問題となるのがどの国の裁判所で解決するかという点です。これを**国際裁判管轄**の問題といいます。たとえば，日本人が外国で訴訟をしなければならないとすると，言葉の問題，費用の問題，手間の問題などで，最初から事実上勝負がついてしまうおそれがあり，この問題はたいへん重要です。以前はそのような例もあまりなかったため，議論が十分に煮詰まっておらず，1996年の民事訴訟法改正の段階では規定が見送りになりました。
　　しかし，その後の最高裁判所の判例では，原則として国内事

件の管轄と同じ基準で国際裁判管轄も判断するが，当事者の公平や訴訟の適正・迅速な進行に反するような特段の事情があるときには，例外的に管轄が否定されることもあるというルールが立てられました。この分野は，問題の国際性からして，外国からみても透明かつ公平なルール作りが要望されている分野でもあるため，2011年に民事訴訟法が改正され，国際裁判管轄に関する明文規定が置かれました。さらに，人事訴訟についても，2018年に同様に明文のルールを定める人事訴訟法の改正がされました。

【重要な条文】訴訟救助の要件（法82条），訴額の算定（法8条），訴訟費用の範囲および額（民訴費用法2条），申立手数料（同法3条，同別表第1・第2），訴状の記載事項（法134条，規53条），訴状の添付書類（規55条），住所・氏名等の秘匿手続（法133条〜133条の4），二重起訴の禁止（法142条），住所による管轄（法4条），その他の管轄（法5条・6条・6条の2），併合請求の場合の管轄（法7条），合意管轄（法11条），応訴管轄（法12条），管轄違いの場合の移送（法16条），遅滞を避ける等のための移送（法17条），国際裁判管轄（法3条の2〜3条の12，人事訴訟法3条の2〜3条の5）

🐾 もっと勉強したい人のために――

伊藤眞『民事訴訟法〔第7版〕』（有斐閣，2020年）…民事訴訟法の標準的な体系書。

上原敏夫ほか『民事訴訟法〔第7版〕』（有斐閣，2017年）…民事訴訟法の簡単な概説書。

高橋宏志『重点講義民事訴訟法上・下〔第2版補訂版〕』（有斐閣，2013年・2014年）…民事訴訟法のさまざまな論点について詳細に検討した研究書。

加藤新太郎＝松下淳一編『新基本法コンメンタール民事訴訟法1・2』（日本評論社，2017年・2018年）…民事訴訟法の簡単な注釈書。

秋山幹男ほか／菊井＝村松原著『コンメンタール民事訴訟法Ⅰ〜Ⅶ』（日本評論社，2006〜2022年）…民事訴訟法の標準的な注釈書。

6 証拠の収集

●平凡吉，戦いを実感する●

　第1回の口頭弁論の期日を1週間後に控え，私は秀山先生の弁護士事務所を訪れ，作戦会議を開くことになった。

　「先生，いよいよ1週間後になりましたねえ」

　「ええ…。それで，今日はその期日に備えて提出する予定の答弁書を作成しようと思って，ご足労願いました」

　「答弁書といいますと…」

　「つまり，相手方の訴状に応答して，こちら側の言い分を主張する文書のことです。訴状はもうお読みになりましたね…」

　「あんなものは嘘ばかりでさあ。昔からあの金造というのはああいう野郎で，親父の金次のとっつぁんはいい人だったんですがねえ」

　「そうですか…。まあ，請求自体は争うとして，相手の言い分はつまり，平さんが賃料の不払をしたということと，あとは正当事由による更新拒絶ということですが…。賃料の不払というのは，実際にあったんですか」

　「そりゃ，これだけ長い間借地人をやっていりゃあ，多少地代が遅れちまうことはありやしたが，ほんの1〜2カ月のことで，いつも金田のほうには詫びをいれていましたよ」

　「なるほど。まあ，そちらは地代の遅れがあっても信頼関係を破壊していないという線で大丈夫だと思いますが，一応

支払遅延の程度やその時の相手方の対応がどんなものであったか，領収書や日記などでわかる範囲で確認しておいてください。中心的な争点になるのは，やはり正当事由の問題でしょうねえ。金田さんのほうの思惑は，訴状では自己使用の必要という抽象的な話で，どうもはっきりしませんが，先日うかがったところでは，新しくマンションを建てようということでしたね」

　「そりゃ，この辺りのもんはみんなそういうことだと噂してますよ。何でも，10階建のビルを建てて，1階を息子の診療所にあてて，一番上の階を自分ら用に使うんだとか…」

　「なるほど…。ただ，それはいまのところは噂にすぎないんですね」

　「ええ，金田から直接そんな話を聞いたことはありません。ただ，もう10年近く前，まだ親父さんが生きていた頃，金田と飲んだとき，親父が死んだらお前の土地にでっかいビルを建てて一山当てるんだ，とか言ってましたが，どうせあいつのいつもの大法螺だろうと聞き流していたんですが…」

　「そんなことがあったんですか。とにかく，こちらの今後の出方を考えるには，そのマンションの話の真偽を確かめなくてはなりません。そこでですね，答弁書とは別に，当事者照会というのをやってみようかと思うんですが…」

　「何ですかい，そりゃあ」

　「いや，実は私もまだ実際にはやったことはないんですが…。つまりは，とにかく訴訟の早い段階で，こちらの知りたいことを相手方にいろいろ質問すると，相手方はそれに応答する義務があるという制度なんですよ。今，私も勉強しているんですが，これは今回のケースではかなり使えそうな方法

です。この事件では，マンションの計画が実際にあるのか，もしあるとすればその具体的な設計や利用方法，それから予定している建設会社なんかを質問すれば，こちらの対応も決めやすくなると思うんですよ」

「なるほど…。それはいいですね。それで金田のほうがちゃんと答えないと，裁判所のほうからお仕置きを食らうという寸法ですかい」

「いやいや，そこがちょっと違いましてね…。この当事者照会の違反にはとくに制裁の定めはないのです。ですから，どうしても原告のほうがマンションの設計などを明らかにしない場合には，結局，別に設計図について文書提出の命令を申し立てたりすることになります」

「なんだ，それじゃあ，答えても答えなくてもいいってことで，あまり意味がないということですかい。金田はいい加減な野郎ですから，そんなことじゃあ，あまり効き目は期待できないですよ」

「まあ，それはそうかもしれませんが…。ただ，訴訟では，原告のほうで正当事由を立証していくわけですから，いずれは設計図なども明らかにすることになるはずです。それに，こちらの照会に応じないと，何か答えられない後ろ暗いことがあるのではないかと，裁判所からも疑われて心証を害するおそれがありますからね。案外照会に応じてくるかもしれませんよ」

ということで，とりあえず，その当事者照会とやらいうものを出してみることになった。そうすると，なるほど餅は餅屋とはよくいったもので，第1回期日の後しばらくすると，金田側の若井弁護士から回答があったのである。秀山先生の

話では，回答書には，原告の収入やら資産やらを照会した部分についてはプライバシーに関することで，回答の義務はなく，必要な部分については後日準備書面で陳述の予定であるなどと嫌みたらしい逃げ口上が書いてあったが，マンションの建築計画の内容については一応の回答が書かれてあったということである。これで，はじめて私も町内の噂がかなり事実に近いことを知ったのである（ただ，マンションは6階建で，1階にはコンビニが入り，金田の息子の診療所は2階に設けられるということであった）。自分がいま現に住んでいるこの土地に6階建のマンションが建てられるところを想像しながら，あらためて訴訟の始まりを実感した私であった。

攻撃防御の準備

❋訴状の送達

　原告側から**訴状**が提出されると，裁判長はその訴状に必要な記載事項が記載されていることを確認し（訴状の記載事項については，第5章を見てください），記載事項が欠けているときは，訴状の補正を促します（裁判所書記官を通して促すことが普通です）。それでも補正がされないときは，**補正命令**を発し，なお原告が従わないときは，裁判長は訴状を却下することになります。訴状が適式に記載されているときは，裁判長は第1回の口頭弁論期日を指定します。この第1回期日は，特別の事情がない限り，訴え提起の日から30日以内に開かれることになっています。そして，この第1回期日の呼出状とともに，訴状が被告に**送達**されます。

　訴状の送達は，裁判所書記官が郵便によって行うのが原則です

（ただし，IT 化によって，被告が代理人を付けていたり，希望すれば，オンラインによる送達〔システム送達〕も可能になります。詳しくは，第9章を見てください）。送達は自宅や事務所等で本人に交付するのが原則ですが，本人が留守にしている場合は，家族等の同居者や従業員などに交付することもできます（これを**補充送達**とよびます）。また，本人がどうしても受取りを拒否する場合は，訴状をそのまま玄関に置いてくれば，送達があったものと取り扱われます（これを**差置送達**とよびます）。多くの場合は，このような形で訴状が現実に被告の手元に渡り，問題はありません。

　しかし，留守のため郵便局員が配達できず，かつ，被告が郵便局に取りにこない場合には，訴状は裁判所に送り返されることになります。この場合，再度夜間・休日の配達指定をして郵便で送達をするか，または**執行官**によって送達することも可能です（ただ，後者は執行官の手数料がかかります）。また，ずっと仕事場にいて仕事場のほうがつかまえやすいというような人については，仕事場に直接送達することもできます。この**就業場所での送達**の制度は，共働き世帯の増加などを考慮して，1982 年に新たに設けられたものです。

　このような方法を尽くしてもなお送達ができないが，被告がその住所に居住していることはたしかであるという場合には，裁判所書記官は訴状を再び書留郵便に付して送達できます。この場合には，最初の郵便による送達の場合とは異なり，実際に被告が訴状を受領しなくても，訴状を発送した段階で送達ができたものとみなされます（**郵便に付する送達**または付郵便送達とよびます）。どうしてもつかまらない者に対しても訴えを提起できる権利を保障するための措置で，長期間にわたって自宅を留守にする必要がある

攻撃防御の準備　**89**

ような場合には，郵便物の転送などの措置をきちんととっておくように，ということでしょう。

また，住所がわからない被告については，別に**公示送達**という制度があります。これは，裁判所の掲示板に「裁判所書記官が訴状を保管しており，被告が取りに来ればいつでも交付する」ということを掲示しておけば，それで送達がされたものとみなしましょう，というものです。裁判所の掲示板なんかを毎日注意して見ている人はまずいないでしょうから，これは実質的には送達の擬制（フィクション）であって，行方知れずの被告に対しても訴えを提起する最後の手段ということです。ただ，それだけに欠席裁判を余儀なくされる被告の利益を保護する必要性は大きく，慎重な運用が要請されるものです。公示送達の方法は，IT 化で大きく変わり，裁判所のホームページでの掲載を主とするものになりますが（第9章を参照してください），フィクションとしての性質はやはり変わらないでしょう。

❈答弁書・準備書面

訴状が送達されてきますと，たとえある程度訴訟の発生を予期していたとしても，平凡吉のようにあわてふためくのが普通の人でしょう。しかも，前に書きましたように，1カ月足らず先に口頭弁論の期日というのがすでに指定されているのですから，なおさらです。多くの被告がこの段階であわてて弁護士に委任するわけですが，まず最初にしなければならないのは，訴状に対する**答弁書**を作成することです。これにより，訴訟に臨む被告の基本的な態度を決めるわけです。

原告の請求について争わず，ただ支払うお金がないということ

でしたら，期日を欠席してしまうか，または原告の請求原因を認め，後は和解を希望する旨を答弁することになりましょう。これに対して，平凡吉のように請求を正面から争うのであれば，原告の主張する請求の原因事実のどの点をどのように争うのかを明らかにする必要があります。また，お金を借りたのはたしかであるが，それは返したというようなことであれば，その点の事実を新たに被告から主張することになるわけです。そして，このような答弁書を前提に，第1回の口頭弁論期日で今後の審理の進め方が決められます。

　被告から答弁書が出されますと，場合によっては第1回の期日の前にさらに原告側からそれに応答する**準備書面**が提出されることがあります。その後の訴訟は基本的に，この準備書面という書面を原告・被告が相互に提出することで進められていきます（答弁書も，法律上は準備書面の一種です）。訴訟においては口頭で弁論された事項だけが考慮されることになっていますが（これを**弁論主義・口頭主義**の原則といいます），実際には，準備書面の記載事項が訴訟の基本的な資料となるわけです。準備書面には，その前の相手方の主張に対する応答や自らの新たな主張，さらに裁判官からされた釈明に対する回答など，そのときどきに問題となっている争点について必要な事実の陳述がされます。

　なお，準備書面については，訴状と違って，送達という正式の方法で相手に送るのではなく，当事者間で直接にやりとりがされます（これを直送といいます）。従来は多くの場合，ファックスを活用して直送がされていましたが（裁判所への提出にもファックスが利用されていました），IT化により，これもオンラインによることになりました（第9章参照）。

答弁書や準備書面を作成するためには，それに必要な情報を収集することが不可欠になります。そこで，以下では，訴訟における証拠や情報の収集手段について，この段階で簡単にまとめておきたいと思います。

釈　明義務◆裁判所と当事者の役割の分担◆

　　訴訟は当事者が主体的に主張・立証の活動をし，裁判所は中立的な審判者として最終的な判断をするというのが，伝統的なイメージです。しかし，現実には，当事者の主張・立証が十分でないと思われるときには，裁判所が釈明を求めて，不明確な点を明らかにさせ，さらに新たな事実の主張や証拠の提出を示唆することも多くあります。そして，当事者が法律を誤解していたり，証明がすでに十分だと誤解しているようなときなどには，裁判所に**釈明**の義務があると考えられています。とくに，争点に集中した審理を重視する現行民事訴訟法のもとでは，争点の明確化のため，裁判所の釈明による積極的な介入は不可欠なものとなっています。そこで，現行法は，裁判所の機動的な釈明が可能になるように，口頭弁論期日の外でも裁判所書記官を通すなどして釈明を求めることを認めています（IT化されると，チームズ（裁判所が利用しているコミュニケーションツール）のメッセージ機能等を活用した釈明も考えられます）。ただ，当事者（代理人弁護士）が裁判所の積極的な介入に依存して，十分な訴訟活動をしない場合があるという批判もあります。今後の訴訟のあり方は，当事者主導を軸としながらも，裁判所が適切な介入を行い，当事者と裁判所とが協力・協働していく運営が理想的なものといえるでしょう。

✵証拠保全・提訴予告通知

　まず，少し時間をさかのぼって，訴えを提起する前の段階での証拠や情報の収集方法について見ておきましょう。一つの方法と

して，**証拠保全**の手続があります。これは，あらかじめ証拠調べをしておかないと，訴訟でその証拠を使用することが困難となるような事情があるときに認められるものです。最も典型的なものは，医療事故をめぐる訴訟を提起する前に，病院・医者が持っているカルテについて証拠保全をしておくというような使い方です。もしそのカルテに医者にとって不利な事実が記載されているとすれば，人情の常として，医者はその記載内容を改竄したい誘惑に駆られるでしょう。そこで，訴訟提起前にカルテの証拠調べを済ませておけば，もはや改竄は不可能になります。また，患者側＝原告も，カルテの内容を把握できれば，訴状の記載など手続の進行の目安を付けやすくなります。

　また，やはり訴え提起前の証拠・情報の収集方法として，2003年の民事訴訟法の改正で導入された**提訴予告通知**の制度があります。これは，訴えを提起しようとする者がその相手方に対して提訴予告通知というものを出せば，それに基づいて，提訴前の照会（次に述べる当事者照会とほぼ同じものです）や**証拠収集処分**（調査や文書送付，専門的意見陳述の嘱託など）をすることができるというものです。これは，やはり同年の改正で導入された**計画審理**の制度（これは第8章を見てください）と関係するものです。つまり，審理の計画を立てるためには，必要な情報を両当事者・裁判所が共有することが必要です。情報もなく闇雲に計画を立ててみても，きちんと守られる計画ができるわけもありません。そこで，訴え提起前に情報を収集できる制度を併せて創ったものです。ただ，裁判所が関わらない段階の話ですので，相手方からすれば濫用のおそれが強く懸念されます。そこで，この制度は，照会はもちろん，証拠収集処分も強制力のない「お願いベース」のものに限られる

ことになり，その実効性については疑問視する見方もあります。

❁当事者照会

　1996年の法改正に至る民事訴訟改革の大きな柱の1つとして，当事者の証拠収集のための方法を充実させるという点がありました。そして，証拠収集制度の充実は，民事訴訟全体の充実・促進に大きく寄与するものと考えられます。なぜなら，的確な証拠収集により，両当事者にとって客観的な事実の認識が可能になり，その結果はじめて適切な争点整理が可能となるからです。また，証拠収集の充実は同時に当事者間の公平にも資することになります。これによって，相手方や第三者の手持ち証拠にアクセスできることになって，たとえば，行政や大企業による証拠の独占という証拠の偏在の問題にも対処できるからです。

　この点で，アメリカの**ディスカバリー**というのは非常に充実した制度ではありますが，他方ではその濫用も批判されてきたところです。1996年の民事訴訟法改正では，ディスカバリー的な制度の導入に対しては大きく賛否が分かれましたが，結果としてはたいへんに慎重な形ではありますが，それに一部代わるものとして当事者間で相互に質問事項を送付するという**当事者照会**の制度が導入されたものです。

> **㊕報開示のあり方◆ディスカバリー制度の光と影◆** ─────
> 　アメリカの民事訴訟制度の中核をなすディスカバリー制度は，徹底した当事者の公平・武器平等を指向する，いかにもアメリカらしい制度です。しかし，この制度はそれぞれの手持ち証拠をお互いにいっさい開示させて徹底的に検証するものであるため，事件によっては数十人の証人を事前に尋問したり，トラッ

ク1台分の書証を検討することになるなど，それに要する時間や弁護士費用は当事者の大きな負担となり，結果として経済的な弱者の訴訟利用を抑制するおそれもあるといわれています。日本は，結局，ディスカバリーの中核である，証人等を事前に尋問する証言録取（deposition）の制度はとりいれず，当事者間の質問書（interrogatory）の制度に類似した当事者照会の制度を設けるにとどめました。しかも，その違反には特段の制裁がないなど，たいへん緩やかな制度として，当面今後の運用を見守る姿勢を示しています。

当事者照会は，当事者が自己の主張・立証を準備するため，相当の期間を定めて，相手方当事者に書面による質問（照会）をすることを認めたものです。典型的には，交通事故の事件で運転者の過失を立証するために，同乗していた者の氏名・住所を被害者が照会したり，製造物責任訴訟で，その製造物について過去にあった他の事故や苦情について照会するといった使い方が想定されています。その意味で，証拠収集とともに，主張を構築するための情報収集の役割も当事者照会には期待されています。

照会を受けた当事者はそれに回答する義務を負いますが，証言拒絶権が認められる場合や回答に不相当な時間や費用を要する場合など，回答を拒絶することができる場合が認められています。また，正当な理由なく照会を拒否する場合にも，それに対する制裁はいっさい規定されていません。ただ，たとえば，製造物責任の場合で過去の事故や苦情を回答できないということは，加害者側に何か後ろ暗い事情があるのではないか，実際には多くの事故の例がすでにあったのではないか，などといった裁判所の疑惑を招き，悪い心証を事実上抱かせて判決に何らかの影響を与える結果になってしまうおそれはあるとされます。

このような事実上の制裁に期待するのは，いかにも日本的な曖昧なやり方で，制度として必ずしも望ましくはないと思われますが，その実効性はまさに実務運用にかかっており，とくにこの制度の導入を強く主張してきた弁護士会の対応がたいへん注目されているところです。現段階では，その利用の程度にもさまざまな見方があるところですが，全般的に見れば活用されているとはいいがたい状況にあるようです。今後のこの制度のあり方については，再検討すべき時期が来ているのかもしれません。

❊文書提出命令

　また，やはり証拠収集の重要な方法として，相手方や第三者に対して，その手持ちの書証を強制的に提出させる**文書提出命令**の制度も，1996年の現行民事訴訟法への改正でその範囲が拡大されました。以前は，提出を求められる書証が申立人との間の法律関係に関連する場合や申立人の利益のために作成された場合などに提出義務の範囲が限定されていました。旧法時代の裁判例は，さまざまな解釈でこの義務の範囲を拡大しようと努力してはいましたが，それには限界があったこともたしかです。現行法は，提出義務を一般的に認めながら，職業上の秘密に関する文書やもっぱら自己の利用のために供される文書などについて，例外的に提出義務を除外するものとしました。つまり，原則と例外を逆転したわけです。この結果，相手方に証拠が偏在していることの多い製造物責任訴訟や公害・薬害訴訟など，いわゆる**現代型訴訟**において，被害者のための証拠収集の武器が充実したことは事実です。

　ただ，「職業上の秘密」や「専ら文書の所持者の利用に供する」目的の意義などが，大きな解釈上の争点として残ることになりま

した。とくに立法時から議論されていた問題として，企業内で決裁を得るために作成されるいわゆる稟議書等が**自己利用文書**に該当するかが争われました。最高裁判所は，特段の事情のない限り，自己利用文書に該当し，提出義務はないと判断し，非常に限られた場合にのみ，特段の事情が認められるものとしています。

このような提出義務自体の拡大と並んで，手続的にも提出命令制度を強化するような改正が行われています。まず，提出命令の申立てにおいては対象文書を特定する必要がありますが，その点を「明らかにすることが著しく困難であるときは」文書を識別するに足りる事項を明らかにすればよいものとされています。

また，やはり原則としては，提出義務の審理は対象文書を見ないで行いますが，一般提出義務の例外事由の審理がとくに困難な場合には，相手方には閲覧させないで，裁判所だけが文書を閲読して職業秘密性や自己利用文書性を審理できるような手続も設けられました（この手続のことを**イン・カメラ審理**といいます。この「カメラ」は写真を撮るカメラのことではなく，裁判官の私室を表すラテン語で，相手方を立ち会わせずに，裁判所と文書所持者だけで審理するという方法を端的に表しているものです）。

さらに，提出命令に相手方が違反した場合の制裁として，提出命令申立人の主張する事実を真実と認めることができるものとされています。したがって，航空機事故が機長の過失によることを主張して航空会社の事故報告書の提出を求めたのに，会社がそれに従わないようなときは，過失を構成する事実が原告の主張どおり，真実と認められることになります。

📝書提出命令の現在

　文書提出義務については，現行民事訴訟法制定以来，最高裁
判所が最も多くの決定を出し，判例を形成してきた分野という
ことができます。命令の対象となるような文書は訴訟の帰趨を
決する重要な書証であることが多く，当事者は最後の最後まで
争うことになります。実際には，銀行の貸出稟議書や社内通達
文書，取引企業の分析評価情報などから，労災事故調査報告書
や政務調査費による調査研究報告書，全国消費実態調査結果な
どの公文書に至るまで，さまざまな文書の提出義務の有無がこ
れまで問題にされてきました。このような判例の積み重ねによ
り提出義務の基準はかなり明確なものになってきており，実務
上は提出命令が出される前に任意に提出がされる例も多いとさ
れます。ただ，なお真実解明に必要な文書が提出されない場合
も少なくないという批判もあり，最近でも，特許関係の訴訟で，
イン・カメラ審理を証拠の必要性の判断についても利用できる
ようにしようとする法改正がされたほか，自己利用文書の除外
事由の撤廃や文書の特定や要証事実との関連性の緩和など抜本
的な立法の議論も引き続きされているところです。

【重要な条文】送達場所（法 103 条），送達場所の届出（法 104 条），
　補充送達・差置送達（法 106 条），書留郵便に付する送達（法 107
　条，規 44 条），公示送達（法 110 条〜113 条，規 46 条），答弁書（規
　80 条），準備書面（法 161 条，規 79 条），準備書面の直送（規 83
　条），証拠保全（法 234 条），訴えの提起前における証拠収集の処
　分等（法 132 条の 2〜132 条の 9），当事者照会（法 163 条，規 84 条），
　文書提出義務（法 220 条），文書の特定のための手続（法 222 条），
　イン・カメラ手続（法 223 条 6 項），文書提出命令違反の効果（法
　224 条・225 条）

7 反訴の提起

●平凡吉，反撃に打って出る●

金田との訴訟が始まってそろそろ4カ月が経つが，このあいだの町内会の寄り合いで，金田の知り合いである番場さんと話していて，嫌な噂を聞いた。番場さんの話では，どうも金田が私についての悪い噂をあちこちで立てているというのである。私は，ちょうどいろんな人に頼まれたこともあって，町内会長に名乗りを上げようとしていたところである。もちろん好きでなるわけでもないから，変な噂が立って会長になれなかったとしても痛くもかゆくもないが，私を応援してくれている人たちのことを考えると，このまま放っておくわけにもいかない。何より，裁判沙汰にしたうえに，さらにそんな裏技を使う金田の汚い態度が許せなかった。

その後，いろんな人に確かめたところ，やはり番場さんの話はたしかなようだった。それによると，金田は「凡吉はとんでもないやつだ。地代はちゃんと払わないうえに，当然の値上げにも応じない。それで金がないのかと思えば，そんなことはなくて，競馬や競輪に金をつぎ込んでいる。また，町内会長に立候補しようとして，町の有力者を買収までしている。こんなやつを会長にしたら，町内会が目茶苦茶になってしまう」といったようなことを，会う人会う人に吹聴して回っているらしいのである。

私はベラボウに腹が立ったので，直接金田のうちに殴り込

んでやろうかとも思ったが，訴訟との関係で，金田とは直接接触せず，必ず自分を通して話してほしいと言っていた秀山先生の話を思い出して，殴り込みは思いとどまった。代わりに，次の日の夕方，仕事帰りに秀山先生の法律事務所を訪れた。

　「先生，そういうわけなんですが，わたしゃ，悔しくて，悔しくて…。何とか金田の野郎に一泡ふかせたいんですが，いまやってる裁判のほうに悪い影響が出てもいけないもんですから，こうやって先生にご相談するわけなんです」

　「なるほど。それはずいぶん悪質ですね。もしその話が事実だとすると…」

　「間違いありませんよ。何人もの人にたしかめたんですから，金田が噂の元ってことはたしかなことですよ」

　「まあまあ，落ち着いてください。別に嘘だと言っているわけではありませんから…。とにかく，原告のそういう態度は平さんに対する名誉毀損になると思われます。ですから，もしこちらが請求すれば，金田さんは平さんに慰謝料を支払う法的な義務を負うことになります」

　「やっぱり，そうですかい。それじゃあ，早速，いまの裁判のなかでその手続をとってくださいな。これで，やられっぱなしだったのが，やっと反撃を食らわせることができまさあ」

　「ただ，どうですかねえ…。もう少し冷静になっていろいろ考えてみたほうがよいように思いますよ」

　「考えるって，いったい何を考えるんですかい」

　「そうですね…。いまお話のあった噂を原告の側が流していたことが証明されれば，たしかに名誉毀損は成立すると考

えられます。この場合は，金田さんの言っていることが真実であるかどうかは関係ありません」

「馬鹿なことを言わんでください。あっしはたしかに競馬をやったことはありますが，天皇賞やダービーの馬券を趣味で買うくらいで，競輪なんてとんでもないことで…」

「いやいや，それはよくわかっていますよ。こういう場合，判例などでは，平さんが仮に有名人だとすると，内容が真実であれば名誉毀損が成立しないと判断される可能性もあるものですからね」

「そうなんですかい…。それじゃ，名前のとおり，平々凡々でよかったってことですね」

「まあ，そういうことなんです。ただ，問題は，いまの訴訟のなかで，その点を持ち出すことができるか，また，できるとしても，それが得策かどうかという点なんですよ。まず，損害賠償の請求を出すとすると，それは反訴という形になります。ただ，反訴というのは，できる要件が法律で決まっていて，相手方の請求か，それともこちら側の主張に関連するものでないといけないのです。この場合，たしかに悪口のなかで地代のことも持ち出しているので，関連が全くないとは言えませんが，かなり関連性が弱い感じがしますからねえ。裁判所が認めてくれるかどうか…。

それから，実際的に考えてもですね，仮に反訴をするとなると，この名誉毀損の点を証明していかないといけません。何人もその悪口を聞いたという人を証人として呼んでくるようなことになります。そうすると，審理にはかなりの時間がかかりますから，結局本体の借地権のほうの解決が遅れる結果にもなります。

それで，仮に名誉毀損が立証できたとしても，認められる賠償の額はたいていの場合，微々たるものなのです。せいぜい数十万円というのが関の山なんですよ。こういったことを全体として考えてみると，はたしてここで名誉毀損の問題を持ち出すのが適当なのかどうか…。これが，私がよく考えてみないといけないと申し上げた理由なのですよ」

　「なるほど…。うかがってみると，たしかにいろいろと難しい問題があるんですねえ。私はそんなことは何もわからないもんですから，つい，カッとなっちまって…。でも，先生，そういうことだとすると，悪口の言い放題，言ったもん勝ちということになりゃしませんか」

　「たしかに，おっしゃるような問題はあるでしょうねえ。名誉毀損の訴訟は，とにかく証明はものすごく難しいのに引き換え，認められる賠償額は少ないのですから…。ただ，最近はこういう点も考慮して，賠償額を少し引き上げようという動きはあるようですが…。いずれにしても，最終的には平さんが決められることですが，もう一度頭を冷やしてよく考えてみてください」

　ということで，その日はうちに帰ってきた。帰ってからも，ない頭をひねっていろいろと考えてはみたが，たしかに冷静になってみると，秀山先生の言うとおりで，ここでこの点を持ち出してみても，問題を複雑にするばかりのような気がしてきた。とにかく，やってみてはじめてわかったのだが，この裁判というもののプレッシャーはものすごいもので，1日でも早く決着をつけたいという思いは，日に日に増すばかりである。そのためには，たしかによけいなことはしないほうがいいのかもしれない…。

心の中にどこかひっかかるところは残ったが，結局，この点はあきらめて本体の訴訟に集中することにしたのである。

中間的な訴え，多数当事者

❀訴えの併合

　民事訴訟の原型は，1人の原告が1人の被告に対して1つの請求をするという訴訟です。しかし，現実の世の中に起こる紛争はもっと複雑なケースも多く，複数の利害関係人が関わり，さまざまな事項が請求されることも多いものです。そこで，そのような複雑な紛争の実体を訴訟の手続にも反映する手段が必要となります。この章では，そのような複雑な訴訟形態をまとめて紹介しておくことにしましょう。

　まず，1つの訴えのなかで複数の請求（訴訟物）が立てられるような訴訟を総称して，請求の併合（**訴えの併合**）とよびます。当事者の間に複数の要求がある場合には，それをなるべく1回の訴訟で片づけるのが当事者の便宜にかない，また司法制度の効率的な運用にもつながるからです。したがって，同じ当事者の間での請求の併合はほぼ無制限に認められています。また，裁判所の管轄との関係でも，ある請求について管轄があれば，併合される他の請求にも自動的に管轄が認められ，単独では管轄が認められないような裁判所にも訴えの併合提起が可能とされています（管轄について詳しくは，第5章を見てください）。

　このような請求の併合の場合には，併合される請求を同時に無条件に立てるのが普通です。たとえば，よくあるのは，同じ被告

に別の貸金を同時に請求したり，借家人に建物の明渡しとともに，未払いの家賃の支払を求めるなどといったものです。

　これに対して，やや特殊な併合の形態として，**予備的併合**というものがあります。これは，ある請求を主として求めるが，その請求が仮に認められない場合を慮って，別の請求を予備的に立てておくという類型です。たとえば，売買に基づく物の引渡請求を主として求めながら，売買契約が無効とされる場合にあらかじめ備えて，すでに支払っている売買代金の返還を予備的に請求するという方法が考えられます。この場合，裁判所は，引渡請求を認めるときには代金請求については判断しませんが，引渡請求を斥けるときには必ず代金請求について判断をしなければなりません。

❀請求の事後的な併合（訴えの変更・反訴など）

　以上でみてきた請求の併合の特殊な場合として，訴訟の途中で併合が発生する，事後的な請求の併合という類型があります。そのような場合としては，原告の側で新たな請求を追加する訴えの変更と被告の側で新たな請求を立てる反訴が典型的なものです。訴えの変更は，その言葉の印象とはやや違い，元の請求と新しい請求とを交換してしまうわけではなくて，新たな請求を追加的に立てるというものです。その結果として，請求の併合が発生することになります。

　訴えの変更には，訴訟の当初からの請求の併合とは異なる要件が必要とされます。それは，元の請求と新しい請求とで請求の基礎に変更がないことと，訴えの変更により訴訟手続を著しく遅滞させないことです。これは，すでに元の請求に関する審理がある程度進んでいる段階では，新たな請求が立てられ，その審理がさ

れることにより，相手方は新たな防御活動を強いられ，元の請求の審理・判決がそのぶん遅れる可能性があり，迅速な判決を求める相手方や裁判所の利益を損なうおそれがあることに配慮したものです。どの範囲であれば，請求の基礎が共通しているといえるのかは難しい問題ですが，以上に述べたようなこの制度の趣旨からは，両請求の間で主要な争点を共通にし，事実の主張や証拠調べ等に重複する部分が大きい場合がこれにあたるといってよいでしょう。たとえば，売買目的物の返還請求中にそれが転売されたため，損害賠償請求に訴えを変更するような場合です（この場合は，通常，返還請求の方は訴えの取下げがされることになるでしょう）。

　次に，被告の側からの新たな請求の追加が**反訴**とよばれるものです。平凡吉が考えたように，原告からの訴え提起に乗じて，それに対する被告側からの反撃の手段として用いられるものです。ただ，訴えの変更と同じように，反訴の場合も，訴訟の途中からの請求の併合ということで，特別の要件が定められています。すなわち，反訴は，元の請求またはそれに対する被告側の防御の方法と関連するような請求を目的とするものであり，かつ，反訴によって訴訟手続を著しく遅滞させないことが条件とされます。これも，訴えの変更の場合と同じことで，無関係な請求をされる結果として原告が困惑し，元の請求の審理・判断が遅れ，混乱するという不都合に配慮したものです。

　ただ，反訴は被告側からの請求ですので，元の請求自体には関係がなくても，被告の防御方法に関係すればよいとされています。その結果，たとえば，原告の支払請求に対して被告が**相殺の抗弁**を出したときは，その相殺に使われた債権の残金を請求することも反訴としてできます。ただ，平凡吉の考えた名誉毀損の損害賠

償請求などは，元の請求とも平凡吉側の防御方法とも関連は薄そうなので，反訴として提起することは難しいように思われます。

　なお，やや特殊な追加的併合の類型として，**中間確認の訴え**というものがありますが，これは，元の請求の前提問題となっている法律関係（たとえば，所有権に基づく土地の明渡しであれば，土地の所有権）の確認を求めるものです。このような確認請求は定型的に元の請求との関連性が認められますので，その要件が一部緩和されています。

❀共同訴訟

　以上にみてきたように，複数の請求が同一の当事者の間で併合される場合に対して，さらに複雑なのは，原告または被告という当事者自体が複数になる**共同訴訟**の場合です。ただ，現実の社会の紛争においては，紛争の当事者が1対1であるのはむしろ稀で，実際には複数の者が紛争に巻き込まれていることのほうが多いわけです。それを訴訟手続のなかにも取り入れたのが，共同訴訟ということになります。債権者が主債務者と保証人とを共同被告として訴える場合や，同一の飛行機事故で損害を受けた被害者が共同原告となって航空会社を訴える場合などが典型的な共同訴訟の例です。

多数当事者事件を処理する新たな試み ──────

　　大量生産・大量消費を旨とする高度資本主義の社会においては，いったんそれに伴う被害が発生しますと，その被害も大量かつ広範囲に及ぶことが多くなります。昭和40年代以降，公害・薬害事件などを典型に，そのような多数の被害者の共同訴訟を民事訴訟が扱う必要が現実に生じてきました。実務的な工夫はさまざまにされてきましたが，現行民事訴訟法はこの点に

ついても，いくつかの対策をとっています。まず，多数の被害者がそのまま全員当事者になるのではなく，そのなかからいわば代表選手を選んで，その者に当事者となってもらうという**選定当事者**の制度をより使いやすいものにしました。この制度を活用することで，当事者の数を減らしながら，全体の紛争解決を図ることが可能になります。さらに，近年，消費者被害の発生を差し止めるために，消費者契約法等において，認定を受けた消費者団体が消費者のために訴えを提起する**団体訴訟**制度やそのような消費者団体が消費者の被害の集団的な救済を求める**消費者裁判手続特例法**（共通義務確認訴訟等の制度）が創設されているところです。

共同訴訟は無制限に認められるわけではなく，共同当事者となる者の間に一定の関係が必要とされます。全く無関係の者と共同当事者にされる被告や相互に全く関係のない共同原告から訴えられる被告の利益の保護を考える必要があるからです。そこで，共同訴訟が認められるのは，①訴訟の目的である権利・義務が共同当事者間で共通する場合（連帯債務者に対する請求など），②訴訟の目的である権利・義務が同一の事実上・法律上の原因に基づく場合（同一の飛行機事故の被害者の請求など），③訴訟の目的である権利・義務が同種であって，同種の事実上・法律上の原因に基づく場合とされています。

このうち，①と②の場合は当事者間に比較的密接な関連性がありますが，③の場合は，原因が同一ではなく同種にすぎませんので，たとえば複数の無関係な手形の振出人を手形債権者が訴える場合のように，必ずしも当事者の間の関連性が強いとは限りません。民事訴訟法は，そのような場合でも共同処理による当事者の便宜や審理の円滑を重視して共同訴訟を認めていますが，そのよ

うな実質の違いに応じて，③の場合の取扱いをとくに区別している場面もあります。たとえば管轄について，①・②の場合は一方の当事者について管轄があれば他方の当事者にも自動的に管轄が認められますが，③の場合にはそのような特別扱いはされていません（この点については，第5章の管轄のところも参照してください）。

　さて，共同訴訟になると，事件は共同して審理・判決されることになりますが，事件によってその共同性の強さには違いがあります。共同性がとくに強く求められる場合は，**固有必要的共同訴訟**とされます。これは，共同訴訟人全員について必ず共通の解決がされる必要がある事件の場合で，当事者となるべき者が全員そろわないとそもそも訴訟自体ができず，また共同当事者の主張・立証が必ず共通のものとなるように規定されています。ただ，このようなやり方は，当事者が全員そろえられない場合に，訴えを起こしたい当事者の裁判を受ける権利を害するおそれもありますので，判例は固有必要的共同訴訟となる場合を限定しており，実際には共有関係の訴訟の一部に認められる程度です。

　また，訴えの提起は各人ができるが，いったん提起された以上は共通の解決がされなければならないような事件の類型もあります。たとえば，株主総会の決議の取消しを求める訴訟では，ある株主との関係では決議は取り消されたが，他の者との関係では有効であるというわけにはいきませんので，訴えが提起された以上，必ず共通した処理がされなければなりません。このような場合を，**類似必要的共同訴訟**といいます。

　そのほかの場合はすべて通常共同訴訟とされ，共同訴訟人は他の共同訴訟人とは無関係に自由に自らの攻撃防御を展開できます。ただ，これは，逆にいえば，他の共同訴訟人を頼ることはできな

いということでもあります。したがって，保証人が主債務者と共同で訴えられた場合も**通常共同訴訟**ですので，主債務者に防御を任せきりにするつもりで自分は裁判所に出ていかないと，債権者の主張を全部認めたものとして保証人だけに敗訴判決が出されるおそれがあるわけです。

◆主観的予備的併合と同時審判の申出

　　共同当事者の間にやや特殊な関係がある場合として，どちらか一方の被告に対しては必ず勝訴できるが，双方に同時に勝つことはできないというような場合があります。たとえば，代理人Ａの仲介で不動産を買ったＢが売主Ｃに対して不動産の引渡しを求めたところ，ＣはＡを自分の代理人とした覚えはないというような場合です。この場合，Ｂは，Ａの代理権が認められればＣに勝てますし，逆に代理権が認められなければＡに無権代理人の責任を追及することができます。ただ，別々に訴えを起こしますと，ＢとＣとの関係ではＡに代理権がないとされ，ＢとＡとの関係では代理権ありとされ，結局Ｂが両方に負けるおそれがあります。

　　このような場合に，Ａ，Ｃのどちらか一方に対しては必ずＢを勝たせるため，旧法の下ではＣを主位的被告，Ａを予備的被告とする**主観的予備的併合**の可能性が議論されていましたが，判例は否定的でした。現行民事訴訟法は，実質的に同じ目的を達するために，**同時審判の申出**という新たな制度を作りました。この申出がされた場合には，弁論を分離したりすることはできず，必ず同一の判決で両方の請求を判断しなければいけないことにして，判断が矛盾するのを事実上防止することにしています。これは，どちらかに必ず勝てるという実体法の趣旨を訴訟法でもできる限り尊重しようという姿勢の表れといえましょう。

❀訴訟参加

　上にみたような共同訴訟が訴訟提起後に事後的に発生する場合

として，第三者が共同訴訟人として訴訟に参加してくる場合があります（これを**共同訴訟参加**といいます）。必要的共同訴訟の関係になる場合に，当事者が原告または被告の側に参加してくる場合がこれにあたります。たとえば，類似必要的共同訴訟の関係に立つ場合として，住民訴訟や株主代表訴訟に他の住民や株主が原告として参加してくる場合が典型的なものです。

これに対して，参加してくる当事者がいずれか一方の側に立つのではなく，第三者としての独立した立場で参加してくるのが**独立当事者参加**とよばれる場合です。たとえば，Ａがある土地の所有権の確認をＢに求めているところに，自分こそが真の所有者であるとしてＣが参加してくるといった場合です（ＣはＡ・Ｂ双方に請求を立てるのが原則ですが，一方に対してだけ請求を立てることも認められています）。この場合のＣはＡの側にもＢの側にも立たず，結局訴訟は３当事者が対峙する様相を呈するものです（三面訴訟ともいいます）。この場合も，各請求の間で相互に矛盾した判断がされないように，必要的共同訴訟と同じ規制を課すことにしています。

次に，当事者として第三者が訴訟に参加してくる場合以外に，当事者となるほどの利害関係はもっていないけれども，訴訟のなかで一方当事者を応援することに一定の法的利害をもつような紛争主体がいる場合があります。この場合，そのような第三者には**補助参加**によって訴訟に参加してくることが認められています。ただ，補助参加人はあくまでも「応援団」にすぎないので，応援される本人が補助参加人の行為を否定するときや，それと異なる行為をするときには，本人の行為のほうが優先されます。

また，応援できる権利が与えられることは，同時にそれに伴う

負担を生じさせます。つまり，補助参加人の応援にもかかわらず，本人が敗訴したときには，補助参加人は，先に述べたように本人が補助参加人の協力を拒絶したなどの特別の事情がない限り，後の訴訟でその判断の内容を争うことはできなくなります（これを**参加的効力**といいます）。たとえば，主債務者が主債務の不存在を主張して保証人に補助参加した末に敗訴したときは，その後の保証人の主債務者に対する求償請求訴訟で，主債務者は主債務が存在していないと主張することはもはやできません。

　なお，当事者本人の側から第三者の応援を求める方法として，**訴訟告知**という制度もあります。第三者は訴訟告知を受けても，訴訟に参加する義務を負うわけではありませんが，告知を受けたときにはその時点で補助参加をしたのと同様の参加的効力を受けることになります。

㈱主代表訴訟と会社の補助参加

　　前にもみましたように，株主代表訴訟という訴訟類型が話題になることがあります。会社の取締役が政治家に賄賂を贈ったり，誤った経営をした結果，会社に損害が生じたようなときに，会社に代わって株主が取締役に損害賠償を請求するもので，法律的には会社の権利を株主が代わりに行使するわけですが，実際には株主による会社の経営方針等に対する批判の表明の手段となっています。そこで，会社としては株主を応援するよりは，むしろ取締役を応援したいとして，取締役の側に補助参加できるかが問題となります。法律論としては，自分の権利を代わりに主張してくれている株主に敵対するのは矛盾ではないかとも思われますが，判例は，会社の機関決定が問題となる場合等には，補助参加を認めるに至り，会社法もそれを前提とした規定を設けています。

☙訴訟承継

　訴訟が行われている間に，当事者がそのままでは訴訟を継続できない状態に陥る場合があります。典型的には，当事者が死亡したときです（このほかにも，後見が開始されるなどして訴訟能力を失った場合や法人である当事者が合併した場合なども同じです）。

　この場合に，訴訟の対象となっている権利や義務がその当事者の一身に専属するようなものであるときは，訴訟手続はそのまま終了してしまいます。たとえば，離婚訴訟の間に妻か夫が死んでしまったときには，もはや訴訟を続けても意味がないので，訴訟手続は当然に終了してしまいます。

　これに対して，訴訟で争われている権利関係が相続人などに受け継がれるようなものであるときは，訴訟は終了せず，権利・義務を承継する者が手続を受け継ぐことになります。具体的には，当事者の死亡などにより，訴訟手続はいったん**中断**します。手続を止めることで，相続人などが知らない間に訴訟が進められ，その利益が害されることを防ぐわけです（ただ，訴訟代理人がついていれば，このような心配はありませんので，手続は中断しません）。そして，中断した後に，承継人や訴訟の相手方の申立てによって，承継人が訴訟を受け継ぐわけです（訴訟手続の**受継**といいます）。これにより，いままでの訴訟手続の延長線上で，新たに承継人が当事者となって訴訟が進められることになります。

　当事者の人格や財産の管理処分権に変動があり，その全体を第三者が引き継ぐ場合には，このように中断・受継という形がとられますが，訴訟の対象となっている権利関係だけが第三者に移転するような場合は異なる取扱いになります。たとえば，土地の所有権に基づいてその明渡訴訟を占有者Ａに対して行っている間

に，原告Bがその土地を第三者Cに売った場合などです。この場合は，訴訟手続が中断することはありませんが，やはりその権利の承継人を当事者とする必要があります。その方法としては，第三者Cの側から独立当事者参加として，買い取った土地の所有権を主張して訴訟に参加することもできますし，相手方Aの側から，Cに対して訴訟の引受けを求めることもできます。この場合，すでに土地を売って利害関係がなくなったBは訴訟手続から**脱退**することができます（Bが脱退すれば，AとCとの間で1対1で訴訟が継続することになります）。また，土地の明渡訴訟を受けている建物の所有者（土地賃借人）が建物を譲渡した場合も同じことで，土地所有者（原告）の側から建物譲受人に訴訟の**引受**けを求めることも，譲受人の側から独立当事者参加をすることもできます。

【**重要な条文**】請求の併合（法136条），訴えの変更（法143条），反訴（法146条），共同訴訟の要件（法38条），通常共同訴訟（法39条），必要的共同訴訟（法40条），同時審判の申出のある共同訴訟（法41条），独立当事者参加（法47条），共同訴訟参加（法52条），補助参加（法42条～46条），訴訟告知（法53条），訴訟手続の中断・受継（法124条），権利承継人の訴訟参加（法49条），義務承継人の訴訟引受け（法50条），権利承継人の訴訟引受け・義務承継人の訴訟参加（法51条）

8 争点を整理するプロセス

●ひざ突き合わせた話合い●

　金田金造から起こされた土地明渡しの裁判も，はや4回の口頭弁論期日を経て，双方の主張がだいたい出そろってきた。そこで，今日はいままでの儀式のような裁判ではなく，もっと内容がある弁論準備期日とかいう名前の集まりだそうで，いよいよこちらの言い分を直接裁判官さんにも聴いてもらえるチャンスだという。1週間くらい前から楽しみにしていて，昨日の夜は小さいころの遠足の前の晩のように興奮してよく眠れなかった。

　秀山先生と一緒に裁判所に出かけてみると，部屋もいつものような法廷ではなくて，準備室とかいう，普通のテーブルが真ん中に置かれた，ごくありふれた小会議室のようなところであった。11時からということだったが，5分くらい前に，何とこの裁判ではじめて金田のやつが姿を現したのである。息子の金一も一緒であった。私は，例の名誉毀損の件を思い出し，よほど殴りかかってやろうかと思ったが，あらかじめ秀山先生から「どんなことがあっても，冷静にして。興奮してしまうと，こちらに不利になってしまいますからね」と厳重に注意を受けていたので，すんでのところで思い止まることができた。

　11時を5分ほど過ぎて，例の「お嬢さん」裁判官が姿を見せた。

「それでは，令和2年（ワ）第108号事件の弁論準備期日を行います。私が受命裁判官として弁論準備を担当しますので，どうかよろしくお願いします。こちらは，原告の金田さんですか」。思えば，この人の声を聞くのははじめてだったが，思ったより低い声だった。

　「はい，そうです」と，金田のやつが答える。声が上ずっている。いままで1度も裁判所に来たことがないので，かなり緊張しているようだ。

　「お隣の方は？」

　「息子の金一です」

　「裁判長。金田金一氏は原告の長男ですが，本件の争点である借地契約更新拒絶の正当事由の審理について重要な利害関係を有しておりますので，傍聴の許可を願いたく，本日は同道致しました」

　向こう側の若井弁護士が，甲高い声でまくしたてる。

　「わかりました。被告代理人，ご異存はありませんね…。それでは，関係人として傍聴を許可することにします。早速本日の審理に入りたいと思います。いままでの双方の主張から，本件の請求原因は，正当事由に基づく借地契約の終了および賃料不払による借地契約の解除ということですね。ただ，後者は，原告の主張からしても，信頼関係を破壊する程度に至っていると言えるかどうか，少し微妙なようにも思われますが，このあたりは原告側はいかがですか」

　「たしかに賃料不払の額や期間はそれほどではありませんが，被告はそのことを全く反省もせず，逆に『金田は強突張りの地主だ』などと隣近所に触れ回るという，借地契約上の信頼関係に自らひびを入れるような行為をしています。この

ようなことを総合して考えれば，信頼関係の破壊が認められると，原告側は判断しております」

「しかし，それはそっちも同じじゃないですかい」と思わず私は口を出してしまった。「金田さんだって，町内会長なんかに向かって私のことを『地代ひとつ満足に払えないようなやつをあなたの後釜の会長にしては，あなたの信用に傷が付きますよ』などと，あることないことを言い触らして，私の会長就任を妨害しているじゃあないですか」

「そもそも，そのような人間関係的な問題は，賃料不払による契約解除に際して考慮されるべきではありません」と，秀山先生もフォローしてくれた。

裁判官は少し考えていたが，「わかりました。その点はしばらく留保して，当面は正当事由のほうに的を絞って審理を進めていくことにしましょう。正当事由については，原告側の主張は，本件土地にマンションを建てて原告の老後を安定させ，息子さんの医院を2階に開設するという自己使用の必要，近隣の都市化の進展による土地の高度利用の必要，地代が相場よりも安いという従来の契約状況，被告の地代不払の事実といった諸点を総合的に考慮すべきということですね」

「裁判官。実質論に入る前に，先日私どものほうから出した当事者照会に原告側が十分に回答しなかった問題について，しかるべき対処をお願い致します。とくに，正当事由については，被告側が十分な証拠を収集して，主張を準備するためには，原告の現在の資産・収入，金一氏が勤め先を辞めなければならない理由などについて，原告側に明らかにしてもらう必要があります。裁判官から，しかるべきご注意をお願い致します」と，秀山弁護士が主張した。先日会ったときの話

では，例の当事者照会をやったところ，新しいマンションの設計などについては回答があったものの，原告の資産など核心に迫る事実については，はっきりとした回答がなかったということであった。

「その点につきましては，回答しないことに正当な理由があるのです」と，今度は若井弁護士が述べる。「まず，照会された事項は範囲が広範にすぎ，『主張又は立証を準備するために必要な事項』に当たるかどうかは疑問です。そのうえ，原告の資産・収入というだけでは照会内容は具体的ではなく，民事訴訟法163条1号の照会拒絶事由に該当しますし，金一氏の勤務先変更の理由はそもそも本件審理に関係なく，単に原告を困惑させることのみを目的としており，やはり同条2号により，照会を拒絶できるはずです」

「いいえ。これらの質問は本件の審理に必要不可欠なものです」と，秀山先生が果敢に反論する。「原告の資産・収入が老後の生活の保障にすでに十分なものであれば，本件土地に賃貸マンションを建設する必要性は少なくなりますし，また金一氏の病院の辞職が本人の責めに帰すべき事由によるのであれば，やはりその点も正当事由の有無について斟酌されるべきはずのものです」

「双方の言い分はよくわかりました。いずれにせよ，ご存じのとおり，当事者照会は強制力がある制度ではありません。いまの問題は，争点が固まり，審理が進んでいって必要が出てくれば，おのずからまたその時点で取り上げられるでしょう。被告側は，どうしても必要ならば文書提出命令などという手もあるわけですし…。今日のところはこの問題はこの辺にして，実質的な点に入りましょう」

このようなやりとりが繰り返され，審理は予定を超えて40分以上にわたって続けられた。「お嬢さん」裁判官（華田薫判事補というらしい）も本当に熱心にやってくれた。終わるときには「今日も1時から午後の法廷があるので，お昼はコンビニで買いだめしているカロリーメイトですよ」と言って，笑っていた。私は，はじめて自分も裁判に参加したという充実感と，法廷の壇上に座っているときとは全く別の裁判官の人間味を感じて，嬉しくなった。

　また，裁判の中身についても光が見えてきた。我々の極秘調査の結果，金一の病院辞職の理由が，なんとそこに勤めている女性看護師と道ならぬ関係に陥り，院長の娘である妻と別居状態になった点にあることをつかんだのである。今日，その点をぶつけてみると，金造も金一も顔色を変え，相手の弁護士はそのことを聞いていなかったようで憮然とした表情で黙っていたし，裁判官にもあざやかな印象を与えたようだった。「弁論準備手続だから，裁判官はまだここで心証を固めるわけではないし，楽観は禁物ですよ」と言いながらも，秀山先生の顔も明るかった。

　その夜は，女房に冗談を飛ばしながら，一升瓶を空け，久しぶりに楽しい酒を飲んだのであった。

争点整理の手続

❀争点整理手続の充実の試み

　今回出てきた弁論準備手続を中心とした争点整理手続の整備と当事者照会や文書提出命令を中心とした証拠収集手続の拡充とは，

民事訴訟改革の車の両輪といわれます。証拠収集の点については，すでに前に述べましたので（第6章を見てください），この章では争点整理手続について詳しく説明しましょう。

争点整理手続とは，訴訟において両当事者の間に争いがある点（争点）を確認し，その点に当事者の弁論や証拠調べを集中するための手続です。判決において法律を適用する前提として，当事者間に争いがある事実を証拠調べによって認定する必要がありますが，そのためにはどの点に争いがあるのかをまず確認しておかなければなりません。民事訴訟では，当事者の間に争いがない事実は証拠調べをするまでもなく，そのまま事実として確定し，裁判所も異なる判断はできないとされているからです。

ところが，従来はこの争点整理が証拠調べの前に必ずしも十分に行われていなかったために，証拠調べが，とかく散漫に流れる傾向があったとされます。しかし，訴訟を集中して迅速に進めるためには，審理のなかで最も時間のかかる人証調べ（証人尋問・当事者尋問）の集中化がカギとなりますが，そのためには充実した争点整理が必要不可欠です。

もちろん，従来から争点整理の必要性は一般に認められ，その充実の試みもさまざまな形でされてきました。しかしながら，「争点整理の歴史はその失敗の歴史」ともいわれるように，1926年の改正で創設された準備手続や戦後の改正による準備的口頭弁論の制度は，結果としてほとんど使われないままに終わってしまいました。その原因はいろいろありましたが，1つのポイントは，これらが必ずしも実務家の十分な理解を得られずに行われた，いわば「上からの改革」であった点が指摘できるように思われます。

そのような失敗への反省のなかから，昭和50年代以降，実務

の主導のもとで，いわば「下からの改革」の動きとして発展して
きたのが，**弁論兼和解**（あるいは**和解兼弁論**）の試みでした。これ
は，和解期日に同時に弁論期日としての意味をももたせ，法廷の
外で争点整理ができるようにしたものでしたが，その柔軟さ・便
宜さが圧倒的な支持を得て，またたく間に実務を席捲しました。
ただ，必ずしも両当事者が同席せず，非公開で行われる審理には，
憲法違反の疑いなども指摘されていました。

❀現行法による争点整理手続

　以上のような実務の改革運動を受けて，実務から生まれたいわ
ば「異端児」であった弁論兼和解の優れた部分を公式に認知しな
がら，1996 年の現行民事訴訟法への改正では複数の争点整理の
ルートを認める改革を行いました。

　すなわち，現行法では，当事者が欠席して証拠調べが不要な事
件や，争点が単純で直ちに証拠調べができるような事件を除き，
争点および証拠の整理を行うことになります。そのための手続と
して，通常の口頭弁論で争点整理を行うこともできますが，争点
整理のための専門の手続として，3 種類の手続，つまり準備的口
頭弁論，弁論準備手続，書面による準備手続を設けています。し
たがって，裁判所は，第 1 回の口頭弁論期日において，または数
回の期日を経て当事者の主張がおおむね出そろうのを待って，い
ずれのルートで争点整理を進めていくのかを決めることになるわ
けです（その際には，当事者の意見を聴取するなどして，当事者の意向
を手続の選択に反映することになっています）。このように，現行法
では，多様な事件に適合した手続が選択できるように，争点整理
のメニューも多様化されたわけで，メニュー満載で新装開店した

「裁判所レストラン」のお客さんの反応が注目されたところです。

🈁行協議期日◆新たな「ぬえ」手続？◆

　　争点整理のための手続ではありませんが，新たな期日の種類として民事訴訟規則で設けられたものに**進行協議期日**があります。これは，口頭弁論の審理を充実させるために訴訟の進行に必要な事項の協議を行う期日とされます。審理のスケジュールを話し合ったり，多数の証人がいる場合に人証調べの進め方を確認したりするのが典型ですが，そのほかにも，建築瑕疵が問題となる事件などで，現地で専門家の説明を受けるような運用（説明会などと呼ばれます）もされているようです。後者のような運用は，ちょうど弁論兼和解が弁論と和解の中間であったように，証拠調べとしての鑑定や検証に代替するようなものですが，柔軟な手続であるだけに，どこにこの手続の境界線を引くのか，実務の展開が注目されています。

　このように多様化した争点整理のメニューにおいて共通する事柄として，当事者も裁判所もできるだけ早め早めに対応するような措置がとられている点が挙げられます。たとえば，旧法の時代から，当事者の主張に不明瞭な点があったり，必要な主張や証拠が欠けていたりする場合には，裁判所は**釈明**を求めることができるとされていました。ただ，この釈明は口頭弁論や準備手続の期日で行う必要があったため，事前に提出された当事者の準備書面を見て裁判官にわからないところなどがあっても，次の期日が来るまで待って釈明し，その釈明を受けて当事者の側も「次回期日までに検討します」という対応をし，結局期日が無駄になるということも，ままありました。そこで，現行法では，期日と期日との間でも，書記官などを通して機動的に**期日外の釈明**を行い，前倒しに弁論の準備を進めることが可能になりました。

また，当事者の側の準備も，第5章の訴状や第6章の答弁書のところで説明しましたように，当初の段階から比較的詳しい事実を主張して，それを証明するための証拠も出すということが求められています。かつては，当事者の主張や立証は口頭弁論のどの段階で出しても自由であるという考え方（随時提出主義といいます）がとられていました。その結果として，時機に後れて提出された主張や証拠は却下できるという規定もあることはありましたが，あまり適用はされませんでした。これに対して，現行法はこの点についての基本的な考え方を変え，主張・立証は審理の適切な時期に提出しなければならないという考え方（**適時提出主義**といいます）を採用しました。これによって，時機に後れた攻撃防御方法の却下の規定も，より活用されていく可能性があります。

　以上のように改正された弁論準備手続の現状については，さまざまな評価があります。前に述べたように「下からの改革」として，少なくとも改正当初は，改革の理念に基づく運用が相当程度されていたようです。しかし，改革の熱気は徐々に衰え，改革の原点を知らない裁判官や弁護士が増えてきていることも間違いありません。一部では，改正前の「3分間弁論」と同様の「3分間弁論準備」に堕し，平凡吉が驚いたような準備書面の交換にとどまる期日の運用も行われているようです。ただ，他方では，各裁判所において改革の理念を継承し，それをモデル化して実現していこうとする試みもされています。その事件における重要なポイントについて，両当事者と裁判所の認識を一致させるために十分なコミュニケーションを図るという争点整理の原点に立ち返りながら，各実務家がそれぞれの仕事の在り方を不断に再検証し続ける必要がありましょう。今まさに現行民事訴訟法の争点整理は，

その成否を左右する分岐点にあると言っても過言ではありません。

❦準備的口頭弁論

　通常の口頭弁論で争点整理が行われる場合は多くありませんが，同じ口頭弁論でも，争点整理に特化したものとして，**準備的口頭弁論**という手続があります。これは公開の法廷で行う争点整理の手続ですが，法廷といっても通常の法壇のあるものではなくて，**ラウンドテーブル法廷**という会議室的な法廷の利用が想定されています。通常の法廷は，両当事者・代理人と裁判官がフランクに話し合うにはやや格式ばっていますし，資料などをお互いに見ながら議論するにも構造上適当ではないからです。

　ただ，このラウンドテーブル法廷は各裁判所に十分な数は設置されておらず，また各裁判部の部屋からも離れた場所にあるなどの事情もあって，むしろ次にお話しする弁論準備手続が争点整理手続の圧倒的な主流となっています。しかしながら，準備的口頭弁論は，社会的な関心が強く，争点整理の段階も公開する必要がとくに大きいような事件などに関しては，有効な手続とされています。

❦弁論準備手続

　従来からありましたが，ほとんど利用されていなかった準備手続を衣替えして，実務上行われていた弁論兼和解の手続を吸収するということで，現行法は**弁論準備手続**を設けました。この手続は，原則として非公開の期日で争点整理を行うもので，その点で準備的口頭弁論とは違います。実際には，平凡吉も経験したように，準備室などと名づけられた通常の会議室と同じような比較的

狭い部屋で，両当事者・代理人と裁判官が膝を突き合わせて議論をするものです。なお，非公開といいましても，当事者の申出があったり，裁判所が適当と判断すれば，傍聴は認められることになっていて，この事件でも，当事者ではない金田金一氏が出席して期日が進められています。

弁論準備手続は口頭弁論ではありませんので，証拠調べは原則としてできませんが，ただ書証に関しては，取り調べができることとされています。争点整理は，その後に行われる人証の**集中証拠調べ**の準備のために行われるものですから，その前に書証を調べておいて，動かしがたい確実な事実関係を押さえておくことは必要不可欠の作業となります。そのほか，当事者の主張や準備書面の提出，裁判所の釈明などは口頭弁論の場合と同じで，何回か弁論準備期日を繰り返して，どこに争点があるのか，どのような人証を調べる必要があるのかを詰めていくわけです。

この手続は，合議体の場合，構成員の裁判官全員で進めることもできますが，平凡吉のケースのように，裁判官の中から1人または2人の**受命裁判官**を選任して，その者の手で進行することもあります。この場合は，事件の主任裁判官（通常は左陪席裁判官。場合によっては，さらに裁判長）が受命裁判官を務めるのが普通です。また，弁論準備手続の間でも，当事者の間に話合いの気運が生じたときは，いつでも和解をすることができます。ただ，争点の整理と和解の話合いとの境が不明確にならないように，裁判官は和解の手続に入る場合には，必ずそのことを明らかにする必要があるとされています。

裁判所が他の方法による争点整理が望ましいと考えたときは，いつでも弁論準備手続を取り消すことができます。また，双方の

当事者が取消しを申し立てたときも，やはり取り消されます。取り消されずに最後まで弁論準備手続が行われたときは，その争点整理の結果を皆で確認することになります。つまり，弁論準備手続の後に行われる証拠調べ（人証調べ）で証明されるべき事実を裁判所と当事者との間で確認し，必要があれば，それを調書に記載したり，当事者がその結果を要約した書面を提出したりすることになります。

　このようにして弁論準備手続が終結すると，そこでされなかった主張等をあらためて口頭弁論で提出するためには，当事者は，相手方の求めに応じて，弁論準備手続でそれが提出できなかった理由を説明しなければなりません。そして，そこで十分な理由を説明できないような場合には，裁判所は，その主張等を時機に後れたものとして却下することもありえます。このような形で，弁論準備手続のなかで十分な主張がされ，後の証拠調べが整理された争点に集中して行われることが担保されているのです。

☎話会議システムによる争点整理

　　民事訴訟法が情報通信の高度化を訴訟手続に取り入れた最初の例として，電話会議システムによる争点整理手続の遂行を認めたことが挙げられます。すなわち，弁論準備手続では，当事者の一方が裁判所に出てきて，裁判官とともに，弁護士事務所にいる相手方弁護士と話し合うことができますし，次に説明する書面による準備手続では，両弁護士ともに自分の事務所にいて，裁判所の裁判官と3者間で通話することもできるのです（トリオフォンの利用です）。これによって，それまでいわゆる3分間弁論のために東京から福岡まで出張していた弁護士がわざわざ裁判所まで出ていく手間が省けました。とりわけ裁判所から遠隔地で営業する弁護士にとっては出張の時間や費用が大幅に節約でき，最終的には利用者の負担も軽くできる便利な制度

です。ただ，電話だとお互いの顔は見えないという難点があり
ますので，裁判のIT化によりウェブ会議を活用した争点整理
が行われるようになっています（この点は，第9章を参照して
ください）。また，コロナ禍の中では，両当事者が裁判所に出
頭する必要のない，書面による準備手続が活用されるようにな
りました。

❀書面による準備手続

　現行民事訴訟法の制定で全く新たに創設された争点整理の手続
として，当事者が裁判所に全く出てこずに書面の交換だけで争点
整理を行い，場合によっては電話会議システムを併用する，**書面
による準備手続**というものがあります。これは，両当事者または
その訴訟代理人が裁判所から遠隔の地にいるときなどは，争点整
理のためにいちいち裁判所に出頭するのは負担になるので，書面
の交換を中心に，節目節目で電話会議を行いながら，争点整理を
行うメニューを認めたものです。たとえば，両当事者に東京の弁
護士が付いていて，裁判は新潟で行われているような場合，双方
から書面を出してもらい，必要があれば新潟の裁判所と双方の弁
護士事務所を電話会議システムでつないで，話合いを行おうとい
うわけです（現在では，顔も見えるウェブ会議が活用されています）。

　この手続は原則として当事者に会わないで争点整理を行うわけ
ですから，相当に熟練した裁判官が指揮しないとうまくいかず，
後に争点整理の結果が覆されてしまうおそれがあります。そこで，
従来は，書面による準備手続を行う裁判官は，第一審では，経験
豊富な裁判長に限定していました（これに対して，すべての裁判官
が経験豊富な控訴審では，受命裁判官による手続も認められていました）。
ただ，ウェブ会議での協議が可能になると，対面とほとんど変わ

りがないため，現在では地裁でも受命裁判官による手続が認められています。その他の点では，書面による準備手続は，争点整理の結果を裁判所・当事者間で確認し，口頭弁論での確認後に新たな主張等をするにはその理由を説明しなければならない点など，基本的には弁論準備手続と同じ構造になっています。

❀ 計画審理

2004 年の民事訴訟法の改正で新たに導入された制度として，**計画審理**があります。これは，従来の民事訴訟の審理の仕方が計画的ではなく，いわゆる「漂流型審理」に陥ることも多かったことを反省したものです。とくに利用者の民事訴訟への不満として，訴訟手続に実際に時間がかかるということもありますが，そもそも自分の訴訟手続がどの程度進展し，現在どのような段階にあり，あとどの程度で結論が出るのかが見えない，不透明であるといった点がありました。交差点で信号を待っているとき，あとどれくらいで青に変わるか，わからないで待っていると，とても長く感じるものです。ところが，不思議なもので，あとどれだけ待てば渡れるかがわかっていると（最近はそういう信号機も増えています），それほど長く感じないものです。訴訟も同じことで，あとどれだけで証拠調べが終わり，いつ判決までたどり着くとわかっていれば，当事者の感じ方もずいぶん違うものです。そこで，民事訴訟の計画審理が重視されるようになってきたわけです。

現行法ではまず，民事訴訟手続はすべからく計画的な進行を図らなければならないものとしています。建物を建てるのに工期があるように，訴訟手続も計画的に進められるのは当然のことだとされるわけです。そして，さらに複雑困難な訴訟事件については，

プラスアルファとして，より具体的な審理の計画を定めるべきものとされます。医療事故や欠陥住宅などをめぐる訴訟では，審理に専門的な知識を必要とし，時間がかかり，どうしても漂流的な審理になりがちです。そこで，これらの訴訟では，裁判所が，当事者双方と協議して，争点整理の期間，人証調べの期間，判決言渡しの予定時期などを定めた**審理計画**を策定すべきものとされています。そして，審理計画に違反して提出された主張や証拠については，通常の場合よりも緩やかな基準で，裁判所は却下することができます。これによって，複雑困難な訴訟事件でも計画的な審理を実効的に行うことが可能になり，ひいては民事訴訟の迅速・充実が図られ，利用者の満足を得ることができるものと期待されています（裁判のIT化の下，これをさらに進めて，審理期間を法定する新たな訴訟手続も設けられていますが，これについては，第9章を参照してください）。

【重要な条文】裁判長の訴訟指揮権（法148条），釈明権（法149条，規63条），適時提出主義（法156条），時機に後れた攻撃防御方法の却下（法157条），準備的口頭弁論（法164条），弁論準備手続の開始（法168条），弁論準備手続の結果の陳述（法173条，規89条），書面による準備手続（法175条），争点整理の結果の確認（法165条・170条5項・177条），争点整理終了後の攻撃防御方法の提出（法167条・174条・178条），進行協議期日（規95条〜98条），訴訟手続の計画的進行（法147条の2），審理の計画（法147条の3），審理の計画が定められている場合の攻撃防御方法の却下（法157条の2）

9   裁判の IT 化

　この日の争点整理は，裁判所と弁護士事務所を結んでウェブ会議によって行われることとなったため，平凡吉も書面による準備期日に立ち会うため，秀山弁護士の事務所を訪れた。

　「先生，おはようございます。今日はこの事務所から裁判所に出るっていうのは本当ですかい」

　「そうなんです。しばらく前から裁判の IT 化というのが始まっていて，チームズのオンライン会議の機能を使って，裁判所と相手方の弁護士事務所とここを結んで，書面による準備手続の協議を行うことができるようになったんです」

　「チームズ？　オンライン会議ですか？　何だかよくはわかりませんが，裁判所まで行く必要がないというのは便利なことですね」

　「そのとおりです。とくにうちの事務所は裁判所から少し離れていますからね。オンライン会議で移動時間が節約できるのは大助かりですよ」

　「でも，パソコンの画面越しで裁判をするというのは，少し不安もありますが…」

　「確かに通信環境が不安定だと，突然接続が切れたりしますからね。ただ，その場合は，電話会議に切り替えて続行できるようにはなっているようですよ。争点整理の場合は裁判官や相手方の表情とかまで細かく見えてなくても，それほど

問題ないですからね。ただ，証人尋問なんかの場合は，やはり証人の微妙な仕草や表情の動きとかも重要になるので，完全にオンラインというのはなかなか難しいかもしれませんね」

「確かに新聞なんかを読んでると，世の中全体が私のような昔の人間には付いていけなくなっていますからね。裁判所も，やっぱり時代について行かないと駄目なんでしょうね」

「裁判のIT化も，このオンライン会議だけではなくて，何年後かには書類の提出も全部オンラインでできるようになるみたいですからね。そうなれば，訴訟記録の閲覧なんかもオンラインでできて，一度も裁判所に行かないで判決までとれる時代が来るかもしれませんよ」

「ええ！　裁判官が一度も当事者の顔を見ないで，判決をするんですかい」

「まあ，コンピュータの画面越しには見ることになるわけですが…」

「そういえば，この前の新聞で，訴えを起こしてから6カ月で判決がされるような新しい手続ができるような話を読んだんですが，あれは本当のことですかい」

「ああ，法定審理期間訴訟手続というやつですね」

「法定…？」

「両方の当事者が合意すれば，計画を立てて6カ月以内に審理を終えて，判決するという手続ですよ」

「そいつはいいですね。やっぱり訴訟が続いているというのは，私ら庶民にはそれだけで心の重荷になっちまいますからね。6カ月でササッとやってもらえるなら，こんなに有り難いことはないですよ」

「もちろん，十分な審理がされるというのが大前提になりますけどね。ただ，こういう手続も，IT化が進められて，その利便を利用者にも還元しようということですよね。世の中でいわれている，DXの一種ということですかね」

「DX？　何ですかい，それは？」

「デジタル・トランスフォーメーションとかいって，私もよくは知りませんが，IT化というのは，紙をデジタルにしたり，対面をオンラインにしたりということだけじゃなくて，ITを活用して仕事のやり方自体を根本的に変えることに意味がある，ということらしいですよ。その点では，裁判のIT化でも，それを活用して，できるだけ利用しやすい裁判を工夫していくことが大事になるということでしょうね」

「それは，私ら利用者にとっては有り難いことですね。でも，私のようなIT音痴には，かえってとっつきにくくなりはしないかが心配ですがね」

「それは確かに。我々弁護士がついている当事者はいいですが，本人訴訟なんかの場合は，ITに慣れない人が取り残されないように十分なサポートが必要でしょうね。それから，やっぱりセキュリティもしっかりしてもらわないと，民事裁判は個人情報の塊みたいなものですから，これが漏洩してしまうと大問題ですからね」

「そういえば，やっぱり新聞で，世の中のIT化が進んでいくと，いらなくなっていく仕事があるようなことが書かれていましたが，弁護士さんは大丈夫なんですかい」

「それは大問題ですね。確かに，AIが普及していくと，判例を探したり，それを形式的に事件に当てはめたりというのは，機械がやってくれるようになるかもしれませんね」

「AI って何でしたっけ？」

「人工知能ですね。最近の AI は進歩して，ディープラーニングとか言うらしいですが，大量の判例とかを学習させて，その上で具体的な事件を入れると，どういう判断がされるか，的確に予測してくれるみたいですよ」

「ああ，あの囲碁とか将棋とかで名人を倒したとかいうやつですか」

「そうそう」

「へえ，あんなのが法律の世界にも進出しているのですかぃ」

「まだまだ将来の話でしょうがね。ただ，将棋なんかでも100 年はコンピュータが棋士に勝つことはないとか言ってましたけど，あっという間でしたからね。そのうち，AI に自分の事件を打ち込むと，弁護士の代わりに，この事件だとこういう解決になるはずだという解答を教えてくれる時代になるかもしれませんね」

「へえ。そうすると，判決も AI がやってくれるようになるんですか」

「AI 裁判官ですね。ありえますね」

「でも，私は，機械に裁判されるなんて絶対に嫌ですね。間違えることはあっても，やっぱり人間に裁判してもらいたいですよ」

「まあ，そういう人は多いでしょうね。ただ，裁判官の後ろでは，AI が指示をしているということは起こるかも」

「そりゃ，恐ろしい世の中だ。まあ，その頃には私はこの世にいないでしょうがね」

「おっと，無駄話をしているうちに，裁判所から通知が来

ていました。それでは，オンライン会議にアクセスしますが，いいですか」

「わかりました。未来の話もいいが，今はこの裁判が一番大事ですからね。よろしくお願いします」

民事裁判の IT 化
——2022 年民事訴訟法改正——

❈ IT 化改正の意義

　平凡吉が驚いていましたが，民事訴訟の IT 化が今急速に進められています。これまでの裁判所は「紙の文化」であり，せいぜい，ファックスによる準備書面等の交換や争点整理での電話会議システムの利用に止まっていました。ファックスや電話会議システムなどというものは，今では IT 化というのもおこがましいですが（ただ，コロナ禍で役所では未だにファックスが活用されている実態が浮かび上がりました），1996 年の改正でこれらの制度が導入された頃は最先端に近い技術でした。それまでは，準備書面も郵送や手渡しが必要であったり，10 分間の期日のために東京から大阪まで往復 6 時間以上かけて出張したりしていたことを考えれば，確かに画期的な進歩であったことは間違いありません。

　しかし，日本の民事訴訟で問題だったのは，IT 化に関する進歩がここで止まってしまったことです。たとえば，2001 年の司法制度改革審議会の意見書では，「裁判所の利便性の向上」として，「裁判所等への情報通信技術（IT）の導入」が提言され，

2004年の民事訴訟法の改正で，オンライン申立てを可能にする規定が設けられました（〔2022年改正前〕132条の10）。この規定は，最高裁判所規則によって細則を定めて実施することが想定されていたのですが，その規則は制定されず15年以上が過ぎました。その間，世界各国では，裁判のIT化がどんどん進められました。当初から進んでいたアメリカはもちろん，ヨーロッパ諸国，さらにアジアでは韓国やシンガポールにも追い抜かれ，日本は裁判IT後進国に転落してしまいました。まさに，平成前半期を「改革の時代」とすれば，平成後半期は「停滞の時代」と言わざるをえない「失われた15年」になったのです。

　このような状況が大きく変わったのは，やはり国際的な圧力でした。世界銀行が発行する投資のしやすさの国別ランキングの中，日本は低い順位に止まっていましたが，その1つの原因として司法分野の電子化の得点の低さがありました。日本経済の復活のカギが外国からの投資の活性化にあると考える政府から見ると，これは大きな問題でした。そこで，政府は，内閣官房に「裁判手続等のIT化検討会」を設け，本格的な検討に乗り出したのです。そこでは，利用者から見たIT化のニーズの存在を前提に，基本的な方向性として，裁判手続の全面IT化を打ち出しました。「3つのe」と言われるものですが，文書提出をすべてオンラインで可能とするe提出（e-Filing），記録をすべてデジタル化して裁判所の外から閲覧やダウンロードを可能にするe事件管理（e-Case Management），ウェブ会議による期日を可能とするe法廷（e-Court）が提言されました。他方で，IT化のハードルとして，IT弱者への対応や情報セキュリティの問題が指摘されましたが，これはITサポートなどで対応すべきであり，IT化を進める障害と

はならないとされました。そして，IT 化のスケジュールとして，とにかく当時の法制でも可能なものはすぐに実施すべきであり，その後にできるだけ急いで法改正に取り組むべきものとされました。

　このような提言を受け，裁判所においては，まずは現行法でも可能なものとして，争点整理のウェブ会議化が進められました（IT 化の**フェーズ 1** と呼ばれます）。先に述べましたように，すでに 1996 年の民事訴訟法改正で電話会議システムによる争点整理が可能になっていましたので，法律の改正なしに**ウェブ会議**も可能と考えられたものです（ウェブ会議は，いわば電話に画面が付くだけですから，電話会議が可能であれば当然ウェブ会議も可能のはずです）。フェーズ 1 の開始は 2020 年 2 月でした。当初は一部弁護士にウェブ会議に対する抵抗感があったものの，それは瞬時に克服されました。その原動力になったのは，皮肉なことに，新型コロナウィルス感染症でした。コロナ禍で人との接触を最小限にするためには，ウェブ会議は必須の武器であり，弁護士の日常業務の中でも瞬く間に普及していきました。その結果，ウェブ会議による争点整理も活用されるようになり，完全に定着しました。そして，一方当事者は必ず裁判所に出頭しなければならない弁論準備手続よりも，凡吉も参加した，（両当事者ともにウェブ会議でよい）書面による準備手続の方がより利用されるようにもなりました。その後，2022 年 1 月には，前述の民事訴訟法 132 条の 10 の施行規則（**mints 規則**）が制定され，e 提出の場面でも，オンラインによる書面の提出や交換も一部可能になりました。

　他方で，現行法ではできない IT 化を目指して，民事訴訟法の改正作業も並行して進められました。最終的には，2022 年 5 月

に民事訴訟法の改正法案が国会を通過した結果，裁判の IT 化が実現しました。改正法の施行は順次行われることになっています（改正内容としては，以下に紹介するもののほか，匿名での訴訟手続を可能にする制度も含まれていますが，これについては 78 頁のコラムを参照してください）。IT 化のシステム構築には一定の時間と費用がかかりますが，すべての改正についてこれを待っていると実現が遅れてしまうので，そのようなシステムとは関係のない改正事項，たとえば口頭弁論や証拠調べのウェブ会議化などは先行して実施されることとなりました（フェーズ 2 と呼ばれるもので，2023 年度中に実現することになっています）。そして，IT 化のいわば完成形として，2025 年度には，オンラインによる訴状等の提出や事件記録の電子化，裁判所外からの記録の閲覧等が実現するものとされています（フェーズ 3 と呼ばれる段階です）。これによって，日本の民事訴訟の IT 化はようやく世界レベルに追いつくものとなるでしょう。

❀訴え提起等の IT 化──オンライン提出・システム送達等

それでは，以下で，面目を一新する民事訴訟の IT 化の内容について，まとめて紹介してみましょう。先ほどの「3 つの e」に即した形で言うと，まず，いわゆる e 提出，文書の提出や送達等のオンライン化です。

民事訴訟において申立てをする者は，オンライン（インターネット）を用いて行うことができます。これは 2022 年改正前でも法律上は可能でした（ただ，最高裁規則が作られなかったため，実際には実現していなかったことは前に述べたとおりです）。今回の改正の重要な点は，一定の者にオンラインによる申立てを義務付けた点

です。すなわち，弁護士など当事者から委任を受けた訴訟代理人や国等公共団体の代理人は，申立てについて必ずオンラインを利用しなければならないものとされています。せっかくオンラインに対応した裁判所のシステムを整備するのですから，できるだけこれが活用されることが望ましい一方，弁護士等は訴訟手続の専門家として，**オンライン申立て**に対応する能力があり，また訴訟手続を円滑にする責務があると考えられるからです（国等にもデジタル化を進める責務があると考えられます）。立案の過程では，本人訴訟も含めて義務化を求める声もありましたが，現在のインターネットの普及状況などに鑑みたとき，それでは十分な接続環境やデジタル知識のない当事者の裁判を受ける権利が害されるおそれがあることから将来の課題とされ，上記の者に限って義務付けをしたものです。

　ただ，インターネットは，皆さん経験されていると思いますが，さまざまな障害で接続ができなくなることが稀ではありません。そのような場合に，弁護士などオンライン申立てを義務付けられている人が訴えを起こせなくなると不都合です。とくに時効期間満了直前に訴えを提起しようとして，その日にインターネット障害で訴訟を起こせず時効期間が経過してしまうと，目も当てられません。そこで，インターネットの障害や裁判所のサーバーの故障等で弁護士等がオンライン申立てをできないときは，例外的に書面（紙）による申立ても可能とされます。これによって，緊急の場面での対応を可能としているものです。

　以上のように，オンラインで申立てがされた場合，その送達もオンラインで行うことができるものとされます。せっかく申立てがオンラインでされても，その送達に際して，いちいちプリント

アウトしなければいけないのでは，IT化の効果は半減するからです。そこで，インターネットによる送達も可能としましたが，これを（裁判所のシステムを経由した送達という意味で）**システム送達**と呼びます。システム送達は原則として送達を受ける当事者の同意が前提とされ，当事者は通知アドレス（連絡先）を事前に登録しておく必要があります（ただ，オンライン申立てが義務付けられている弁護士等に対しては，システム送達は常に可能です）。システム送達は，具体的には，送達すべき電磁的記録を裁判所の**事件管理システム**にアップロードするとともに，事前に登録された当事者の通知アドレスに通知することによって行われます。そして，当事者がその記録を閲覧またはダウンロードしたときに送達の効力が生じますが，閲覧等がないまま1週間を経過すると効力が発生します。当事者が長期間にわたり通知を放置したときに，いつまでも送達の効力が生じないのは不都合だからです。なお，以上のように，システム送達には事前登録が必要となるので，訴状についてシステム送達が利用できるかは1つの課題です。この点は運用の問題とされており，何らかの工夫が可能か，実務の展開が注目されます。

　また，**公示送達**についても従来の裁判所の掲示場における掲示の方式は見直され，裁判所のウェブサイトにおける掲示を基本とすることとされています。全くのフィクションである公示送達（第6章参照）ですが，より実効性の高いインターネットによる方式とするものです。ただ，その場合，被告等のプライバシーの保護も問題となるので，実務上，公示される情報には配慮が必要とされます。なお，ウェブサイトとともに，裁判所に設置された端末における公示も行われますが，これはネット閲覧ができない人

に配慮した措置です。

さらに，証拠調べについても IT 化が図られています。書証の取調べの準備については，事件管理システムを用いた書証の写しの提出を可能とし，両当事者がとくに問題ないとするときは，それを取調べの対象とすることもできます。ただ，一方当事者が（紙の質などが心証の形成に必要であるなどとして）どうしても原本の取調べを求めるときは，紙の原本を提出する必要があります。また，最近ではペーパーレス化社会の中，そもそも紙の形になっていない電磁的記録（電子データ）もありますが，**電子データの証拠調べ**について明文規定を設け，書証の規定を準用しています。これにより，紙になっていないデータを証拠調べのためにいちいちプリントアウトする手間が省け，資源の節約にもなるでしょう。

❧ 期日の IT 化──ウェブ期日・ウェブ尋問

次に，いわゆる e 法廷，すなわち裁判所の期日の IT 化です。この点は，前に述べましたように，フェーズ 1 として，すでに争点整理においてウェブ会議が活用されているところです。そのような状況を受けて，まず争点整理手続について，さらに IT 化を進める法改正がされています。具体的には，ウェブ会議による弁論準備手続について，従来あった遠隔地要件および当事者一方出頭要件を削除しました。その結果，裁判所が相当と認めるときは，広くウェブ会議によることが可能となります。現在は，弁論準備では一方が必ず裁判所に来なければいけないため，書面による準備手続が活用されていますが，この法改正が施行されれば再び弁論準備が争点整理の原則型になる可能性もあるものと思われます。

以上のような争点整理に加えて，2022 年改正によって，口頭

弁論期日でもウェブ会議が利用できるものとなりました。口頭弁論は裁判所における最も正式な手続であり，必ず公開法廷において実施することが求められますが，そこでも当事者の利便性を優先したものです。もちろん，口頭弁論では公開，すなわち第三者の傍聴が前提となり，直接主義・口頭主義という原則が適用になりますので，弁論準備等のように電話会議は利用できず，常に映像も付いたウェブ会議に限定されます。また，**ウェブ会議による口頭弁論**では，裁判官等は公開法廷におり，ウェブ参加する当事者は法廷のスクリーンに映し出され，傍聴人は傍聴席からそれを見るという公開形態になりますが，それで憲法上の公開原則を充たすことができると解されます。将来的には，法廷の模様をユーチューブ等で同時中継する形で公開主義の趣旨を拡大することも考えられますが，ユーチューブで流されるのであれば訴え提起を躊躇するという当事者の意識の問題などもあり，現時点では法廷傍聴による公開が維持されたものです。

　また，証拠調べとの関係でも，**ウェブ会議を利用した証人尋問**や当事者尋問，鑑定人質問等も可能とされました。この点は，前にもふれたとおり，従来もテレビ会議を利用して尋問できたわけですが，その場合は，証人等は最寄りの裁判所に出頭する必要があり，実際には余り利用されていませんでした。今回の改正では，適正な尋問を行うことができる場所であれば，証人等が裁判所の外にいても尋問を可能としています。これによって，証人等の利便性が大幅に増大し，そのような形での尋問の活用が期待できます。ただ，証人尋問等は，とくに直接主義の要請，つまり裁判官が証人等の表情や仕草を子細に観察して心証をとることが必要になります。そこで，改正法はウェブ会議による証人尋問等を実施

できる場面を，現行法が定める遠隔地居住の場合に加えて，年齢や心身の状態等によって出頭が困難である場合や当事者に異議がない場合に限っています。ウェブ会議の利用を必要な場合に限定したものです。ただ，このようなウェブ会議の制約というものは，通信技術が 5G などで飛躍的に進歩し，ホログラム等の新技術が発展してくると，当然変化してくるものであり，将来また見直しが必要になることでしょう。

さらに，検証の手続もウェブ会議を利用することが可能とされました。現状，境界紛争や建物の瑕疵をめぐって現地を見る必要がある場合，裁判官や当事者が現地に赴かなければならず，それが遠隔地である場合には大きな手間になるため，検証はあまり利用されていません（全事件の約 0.1%）。しかし，裁判所と現地をウェブ会議で結んで（一種の中継をして）検証ができれば，裁判官は裁判所にいたままで現地の状況を子細に確認できます。そこで，改正法では**ウェブ会議による検証**が可能とされました。ただ，やはり実際に裁判官がリアルに現場を見る場合とは効果が違う可能性もあるので，当事者に異議がない場合に限っています。

❧事件記録の IT 化──オンライン閲覧

最後に，いわゆる e 事件管理，すなわち事件記録のデジタル化や閲覧等の IT 化です。ここでは，まずもって訴訟記録を全面的に電子化することとされています。現行法では，申立てがオンラインでされても，それを書面に出力して訴訟記録にしなければなりませんでしたが，それはあまりに非効率ですので，改正法は電子的に提出された書類等はすべてそのまま訴訟記録になるものとし，書面で提出されたものも PDF 等の形でデジタル化し，訴

訟記録にすることとしています。加えて，裁判所側で作成する文書もすべて電子化され，判決は電子判決書，期日調書は電子調書という形で作成されます。このような形で，訴訟記録は電子化され，**電磁的訴訟記録**として保存されることになります。

　このようにして作成される電磁的訴訟記録は，紙の訴訟記録と同様，すべての人が閲覧できます。ただ，閲覧の態様として，当事者および利害関係人は，裁判所の外からインターネット経由で**オンラインによる閲覧**が可能とされる点が大きな特徴です。これによって，わざわざ裁判所に出向く必要がなくなり，自宅や事務所から事件の状況を把握可能になるわけです。当事者は事件管理システムに登録しさえすれば，裁判係属中いつでも記録を閲覧できますし，またダウンロードも可能です。他方で，利害関係のない第三者は，オンラインによる閲覧等は認められず，今までどおり裁判所に行って，裁判所に設置された端末から閲覧する必要があります。第三者についても，利便性の観点からインターネット閲覧を許すべき旨の主張もありましたが，訴訟というものがプライバシーや個人情報の塊であり，日本全国から誰でも簡単に閲覧がされると，かえって訴訟提起をためらう者も多いという批判があり，結局，第三者は今までどおり裁判所に出向く必要があるものとされました。ただ，判決については，オンラインで提供するニーズが高いということから，**判決情報のオープンデータ化**については民事訴訟法とは別に検討がされ，仮名化を前提に実現する予定です。

　最後に，訴訟費用についても**電子納付**に変更されます。今までは，提訴手数料については訴状に収入印紙を貼付し，郵便費用については郵券（切手）で予納していました。しかし，紙の訴状が

なくなれば印紙を貼ることはできなくなりますし，郵券について
は，その管理が面倒で，余った場合に返還されても当事者も困る
ということがありました。そこで，IT 化に合わせて，訴訟費用
については全面的に電子納付に一本化することとし，当面は公共
料金等の納付にも活用されているペイジーの利用が想定されてい
ます。クレジットカードの利用も検討されましたが，カード手数
料の負担等に難しい問題があり，将来の課題とされています。ま
た，郵券予納も廃止され，その分を概算として手数料に組み込む
ことで，郵券の管理や返還の手間を省いています。

❧ IT を活用した新たな訴訟手続——法定審理期間訴訟手続

IT 化というものは，それ自体が目的ではなく，訴訟を利用し
やすくする1つの手段にすぎません。むしろ IT 化を活用して，
いかに仕事の仕方を変え，裁判を利用しやすくし，また効率化す
るかが重要です。世の中で DX（デジタル・トランスフォーメーショ
ン）と呼ばれるのは，まさにそのような発想方法を指すものでしょ
う。2022 年の改正でそのような発想を表すものとして，**法定
審理期間訴訟手続**という制度があります。

この制度は，両当事者が合意することによって，最初の期日か
ら6カ月以内に口頭弁論を終結し，さらにそれから1カ月以内に
判決を言い渡さなければならないとするものです。そのため，攻
撃防御の提出期間（5カ月以内）や証拠調べ期間（6カ月以内）を法
定し，判決で判断してもらう事項を当事者が合意し，その点に絞
って判決を書くものとされます。このような形で，当事者の審理
期間についての予測可能性を確保し，迅速な判断を期待できるも
のとし，ひいては訴訟の利用を促進しようとする趣旨です。

ただ，迅速な審理が拙速な審理となり，当事者の防御活動を阻害しては元も子もありません。そこで，法律はこの制度の利用について慎重な配慮をしています。まず，審理期間の法定は力の強い当事者に有利になるおそれがあるので，当事者間の力に定型的な格差があるような事件（消費者契約や労働訴訟）ではこの手続は使えず，さらに個別事案で裁判所が衡平を害すると認めたような場合も同様です。また，いったんこの手続に入っても，当事者はいつでも通常訴訟への移行を求めることができますし，裁判所もこの手続による審理裁判が困難と考えたときは通常訴訟に戻せます。さらに，判決が出た場合も，不服申立ては控訴ではなく異議申立てによるものとされ，同一審級でもう一度通常訴訟による審理を可能にしています。このように慎重な規定で制度の濫用を防止しているものですが，実務の工夫によって迅速かつ予測可能な手続が実現することが強く期待されます。

❧さらなる IT 化に向けて

　以上のように，日本においてもようやく本格的な裁判 IT 化が図られることになり，新たな法制の下で IT 化が着実に進められることが期待されます。ただ，今回の改正は，民事訴訟の IT 化に限られており，今後さらに IT 化の適用範囲が拡大されることが予想されます。まず，他の民事裁判手続における IT 化です。すなわち，民事保全・民事執行事件，倒産事件，人事訴訟・家事事件，非訟・民事調停・労働審判事件などなど裁判所が関わるすべての事件について，今後 IT 化が進んでいくでしょう（さらには刑事事件の IT 化も進むようです）。これらの事件の IT 化では民事訴訟がモデルとなりますが，独自のニーズや仕組みも考えられる

ところです。倒産事件では，多数の関係人が関与する中，オンラインによる債権届出やウェブ会議による債権者集会などは大きな利便をもたらすでしょうし，家事事件では，DV 事案などでウェブ会議を活用したり，オンラインでの親子の面会交流などのニーズもあると思われます。諸外国でも IT 化はどちらかというと倒産事件や家事事件などが先行した面があり，これらの事件で IT 化が進むことで司法が国民の身近なものになることが期待されます。

　また，紛争解決全般で見ると，IT 化の効用は裁判所の手続だけに止まらず，裁判外紛争解決手続（ADR）における IT の活用も重要です（ADR については，第 3 章を参照してください）。ADR は，当事者の合意によって柔軟な手続をとることができ，IT 化の面でもさまざまな工夫が可能であり，現に行われています。申立てをメールで行うことを認めたり，審問等の期日をウェブ会議で行ったりすることは，コロナ禍の中一般化しています。とくに国際的な紛争（国際仲裁や国際離婚の子をめぐる ADR 等）においては，海外とオンライン経由で手続を行っています（裁判では，国家主権の問題があるため，海外とのオンライン手続はなかなか難しい問題がありますが，ADR は民間の手続ですので，それを克服できるわけです）。一般にオンラインを活用した ADR のことを **ODR**（Online Dispute Resolution）と呼びますが，やはり諸外国ではその活用が進んでいます。たとえば，eBay というネット販売の世界的企業では，苦情や紛争があった場合，それをオンラインで完結的に解決するシステムを用意しているようです。この面でも日本はやはり遅れていますが，最近では，ADR において実現した合意に執行力を認め，相手方が合意を履行しない場合は直ちに強制執行ができる

ような仕組みも検討されており，ODR の後押しが図られつつあります。

　さらに，IT 化の今後の展開としては，やはり**AI の活用**が注目されます。これは，今までの紛争解決結果をビッグデータとして，それを AI に解析させ，具体的な紛争の解決結果を予測させ，当事者の紛争解決の参考に供するものです。実際，これは前述の eBay の ODR などでは実装され，大きな成果を挙げていると言われます（紛争の 90% 以上は，AI の助言に基づく当事者間の交渉で解決されるようです）。また，近未来の話としては，裁判所の判決でも，AI による判決予測が参考情報として利用される可能性が取り沙汰されています。ただ，このような紛争解決における AI 活用に関する問題点としては，紛争関連情報のビッグデータが日本では十分でない点が挙げられます。これは日本社会全体のデジタル化の遅れを反映したものですが，ビッグデータがないと，いくら AI 技術が進歩しても宝の持ち腐れです。そこで，日本でも，先に述べた全判決情報のオープンデータ化などビッグデータを作り出そうとする試みがあり，今後の展開が注目されるところです。

　　【**重要な条文**】オンライン申立て（法 132 条の 10），オンライン申立ての義務付け（法 132 条の 11），システム送達（法 109 条の 2・109 条の 3），公示送達（法 111 条），電子データの証拠調べ（法 231 条の 2・231 条の 3），ウェブ会議による口頭弁論（法 87 条の 2），ウェブ会議による証人尋問（法 204 条），ウェブ会議による検証（法 232 条の 2），電子判決書（法 252 条），電磁的訴訟記録の閲覧等（法 91 条の 2），法定審理期間訴訟手続（法 381 条の 2 以下），手数料の電子納付（民訴費用法 8 条）

10 弁護士との相談

●弁護士先生も楽じゃない●

　2021年の新年が明け，早くも1月末。今日は午後いっぱい，秀山先生の事務所で，事件についてのこちら側の見方や意見を述べて裁判所に提出する文書（陳述書とかいうらしい）を作る作業を行った。この裁判もいよいよ山場にさしかかってきたようで，どうやら近いうちに，証人尋問とか当事者尋問とかいって，関係者を一堂に集めて，裁判所が話を聴く手続がもたれるらしい。そこで，その準備のために，尋問される予定の証人や当事者本人の言うことをあらかじめ明らかにしておくということで，今日私が話したことを秀山先生が文書にまとめて，最後に私がハンコを押して裁判所に出すという手はずになるということだ。

　打合せを終えた後，先生の事務所の中で，少し遅いが，ささやかな新年会を開くことになった。折からのコロナ禍で外では飲めないが，正月に余ったお酒を私が持ち込んで，四方山話をすることにしたのである。よくよく考えてみれば，事件以外のことで秀山先生とまともに話をするのは，これが最初の機会であった。

　「そういえば，去年の司法試験の結果もようやく出ましたが，平君はどうでした」

　出身地や趣味の話などを一通りした後，先生は私の甥っこ（凡太郎）のことについて聞いてきた。もともと，甥の凡太

郎が大学法学部の民事訴訟法ゼミで秀山先生の後輩だったという縁から，今回のことも先生にお願いをすることができたのである。凡太郎は，法科大学院とやらを修了して司法試験を受け続けているが，合格できず，予備校などでアルバイトをしながら，今も法律の勉強を続けている。本人はフリーターなどと称して泰然としているが，弟や義妹は顔を合わせるたびに文句を言っている。

「いや，どうやら今回もだめだったみたいですよ。何か短答試験というんですか，あれには受かったみたいで，秋頃は天下を取ったみたいな顔をしていましたが，先日の発表ではやっぱり無理だったようなことを，電話で弟が言ってました」

「そうですか。やはり論文試験で…。それは残念でした。平君はなかなか実力があるので，われわれはもちろん，ゼミの山本先生もずいぶん期待されているんですがね…」

「でも，もう大学院の方を卒業してから，かれこれ4〜5年ですからね。就職もしないで，ブラブラしているのも限度というもんがあります。弟たちも，今回の結果を見て，そろそろ将来のことをちゃんと考えろ，と言っているようですよ」

「そうですか。それは親御さんとしてはもっともなことですが…。確かに司法試験の合格者の数は最近減ってきて，1500人くらいになってしまいましたからね。それから，予備試験という，法科大学院とは別ルートで司法試験の受験の資格を得て早々に合格してしまう人も多くなってきました。でも，最近は法科大学院の方の定員も減っているので，相対的には合格率も高まってくるはずですよ」

「そうなんですかい。でも，凡太郎の野郎は，もう何回も

受けて駄目だったのに，これからうまくいくとは，なかなか思いにくいんですがね…」

「確かに，合格率という意味では，法科大学院修了直後の受験生の合格率が一番高いのは事実です。それと，合計5回までという受験回数の制限もありますので，どうしても5回目が近づいてくると，プレッシャーが大きくなるのも確かです。ただ，平君はどちらかというと，じっくり型のようにみえますので，これまで着実に付けてきた力をこれから発揮できるのではないかと思いますよ」

「そうだといいんですが…。しかし，これまで司法試験の合格者を増やしてきて，弁護士さんも随分増えてきたように聞いてますが，弁護士になってからが大変じゃないんですかい」

「確かに。昔は，弁護士の資格をとると，どこかの事務所の『イソ弁』になるのが普通でしたが，最近は『ノキ弁』とか『即独』とかが当たり前になってきていますからね」

「なんですかい，その『イソ弁』とか，『ノキ弁』とか，『即独』とかというのは」

「イソ弁とは『居候弁護士』の略で，事務所を経営するパートナー弁護士，ボス弁の下で，勤務している弁護士のことですよ。一種のサラリーマン弁護士です。ただ，最近は，どの事務所も苦しいので，決まった給料を払うのは難しくなっています。そこで，事務所の机だけ貸して，あとは自分で稼いでくださいというやり方，これが事務所の軒先を貸すという意味で，『ノキ弁』と言っています。さらに，そのような形でも事務所に雇ってもらえず，いきなり独立して自分の事務所を開業するのが，即時に独立開業するという意味で，

『即独』と言っています。せっかく苦労して弁護士になって
も，バラ色の未来が待っているわけではないということです
ね」

「そんなことだと，将来，弁護士のなり手がいなくなって
しまうのではないんですかい」

「確かに，最近，法科大学院の入学者が減り，潰れる大学
院も増えてきているのは，そういう事情があります。ただ，
私自身は，それほど悲観はしていません。厳しい競争の中で，
若い弁護士は自分の得意分野をもとうとして切磋琢磨し，今
まで専門家がいなかったような分野，たとえばスポーツ法や
エンターテインメント法などの分野にも専門弁護士が生まれ
てきて，日本社会の隅々に法の支配が及んできています。ま
た，大規模事務所はますます大規模化して専門的ニーズに応
える一方，最初からかかりつけのホームドクターのような身
近な弁護士を目指す人もいて，だんだんとお医者さんのよう
な役割分担がされるようになっています。さらに，最初から
企業に就職したり，官庁や自治体などで働いたり，仕事の仕
方も多様化しています。弁護士にとっては大変な時代ですが，
社会にとっては弁護士が身近になったという見方もできるの
ではないでしょうか」

「でも，先生のところの事務所なんかはなかなか繁盛して
おられるようですから，競争が大変になっても，きっと大丈
夫でしょう」

「いやいや，そんなことはありませんよ。うちなんかは本
当に何でも屋ですからね。損害賠償などで相手からお金がい
っぱいとれるような事件などでは，それなりの報酬がいただ
けることはありますが，離婚事件や刑事事件などあまりお金

になりそうもない事件も，選り好みせずにやっているもんですから，いつも事務所は火の車で，会計担当の事務員からは怒られてばかりですよ」

「そういえば，私の事件なんかもお金にならないものの典型みたいで，本当に申し訳なく思っています」

「そんなことはありませんよ。この事件はどうみても平さんに分があると考えられますから，これからも力を合わせて何とか請求棄却をものにしましょう」

とまあ，こんな話をしながら，結局11時すぎまで飲んでしまった（もっとも最後のほうは私1人で飲んでいたような気がするが…）。

翌日には，久しぶりに凡太郎に電話をし，秀山先生の話を伝えてやったら，喜んでいた。この訴訟が始まるまでは，私は，弁護士という職業に偏見をもっていた。弁護士などというのは，人の弱みに付け込んで，黒を白と言いくるめる詐欺師と紙一重の商売だと感じていたのだ。しかし，秀山先生の真摯な仕事ぶりを目の当たりにして，段々と弁護士についてのイメージも変わってきて，いまでは，平家の身内に1人くらい弁護士がいてもいいな，と思えるようになっていた。だから，凡太郎のことも，できる限り応援してやろうと考えたのである。

法律業の規制緩和と「大競争時代」

❀陳述書

この日，平凡吉と秀山優一弁護士とが会って相談していたのは，

近くに迫った当事者尋問に備えて，凡吉の**陳述書**を作成するためでした。陳述書というのは，当事者または第三者の陳述を記載した文書ですが，当事者尋問や証人尋問に代わるものではなく，訴訟では書証として扱われます。最近では，このようにして，当事者尋問などの前に陳述書の提出を求めておいて，尋問の際の**主尋問**（尋問申出人側のする尋問）を短くするような運用が広く行われています（人証の尋問については，第12章を見てください）。周辺的な事項は，あらかじめ陳述書の中に記載しておけるため，尋問は争点に集中できるというわけです。また，このようにして陳述書を提出しておきますと，相手方や裁判官もその証人等がどのような証言をするのかが事前にわかるので，**反対尋問**の準備や期日での証言の理解が容易になるというメリットもあります。さらに進んで，証拠調べの直前ではなくて，争点整理手続のなかで早めに陳述書を提出させて，その内容を争点整理に役立てようとする運用もみられるようになっているようです。

　このような積極的な運用に対しては，陳述書は，この事件の平凡吉のように，当事者等が自分で書くわけではなく，実際には当事者等の陳述を代理人である弁護士が聴取して文書にまとめることが多いものですから，準備書面とあまり変わりがなく，裁判官がそのような文書に基づいて心証をとるのは問題であるという批判もあります。しかし，他方では，争点整理の実効化や実質的な証拠開示としての機能を高く評価する意見もあって，賛否相半ばする状況のなか，実務のなかではますます活用されているというのが現状です。

❀司法試験制度──現状と改革

　今回の主題は，凡吉の甥である平凡太郎，すなわち若き日の私が受験していたこともあり，平凡吉がたまたま普通の人以上に関心をもっていた**司法試験**の話題です。

　司法試験が国家試験としては最も難しい部類の試験であることは周知の事実だと思われます（「現代の科挙」などとよばれます）。かつては世界的にみても，法曹になるための試験としては異例の低い合格率（2〜3% 程度）となっていました。そのため，法学部の学生であっても，大学の授業を聴講しているだけでは合格はなかなか難しく，いわゆる司法試験予備校にダブルスクールをして準備しても，なお大学在学中の合格は至難のわざであるという状況でした。このような状況は，将来の法曹の資質や大学教育のあり方からみて，決して望ましいものでなかったことは明らかでしょう。そこで，制度の改革の動きが 1980 年代の後半から何度も起こりました。司法試験の合格者数も徐々に増加し，従来の 500人から 1000 人程度まで増加していました。しかし，大学教育と法曹養成が切り離されていた状況に抜本的な変化はありませんでした。

❀律家の裾野の拡大◆司法書士，裁判所書記官など◆─────

　　一般に法律家とよばれるのは，司法試験に合格してなるのが原則である弁護士，裁判官，検察官のいわゆる法曹三者です。しかし，広い意味で法律に関係する職務としての法律家には，他にも，公証人，執行官，司法書士，行政書士，弁理士，裁判所書記官，家庭裁判所調査官などがいます。このほか，特別の資格はありませんが，企業の法務部に勤めている人も法律家とよぶことができ，その専門分野では弁護士などを遥かにしのぐ法律知識をもっている人が現に数多くいます。

法律業の規制緩和と「大競争時代」　153

規制緩和が進み，行政国家から事後的なルールを中心とした透明な社会（司法国家）に転換することが求められている日本においては，法律家の裾野を拡大していくことがどうしても必要です。その意味では，司法試験の合格者数を増やす一方で，司法書士や裁判所書記官など，法曹を周辺から援助し，補完するような，広い意味での法律家を質量ともに拡充していくことが，今後の日本社会の不可欠の課題になるものと思われます。制度の面でも，訴訟手続等において裁判所書記官の役割を重視したり，司法書士・弁理士などに一部訴訟代理権を認めたりする改革が行われました。ただ，法曹の数が飛躍的に増大していく中，このような**準法律家**に今後どのような役割を認めていくかは，困難な問題と言えます。

このような状況を抜本的に変えたのが，1999年に設置された**司法制度改革審議会**における議論でした。そこでは，当初から，法曹養成制度の改革が議論の焦点の1つでした。そして，2001年に提出された最終意見書では，**法科大学院**の設置が提言されました。これによって，従来は完全に切断されていた大学教育と法曹養成とが接続されることになったわけです。具体的には，2004年に全国で68の法科大学院が設置され，6000人近くの学生を受け入れることになりました。そして，2006年に現行の司法試験が始まったわけですが，2010年ころには，司法試験の合格者を毎年3000人まで増加するものとされました。他方で，法科大学院に通う資力がない人も法曹になるための制度として，**予備試験**という制度も設けられました。これは，受験者が法科大学院修了と同等の能力を有するかを判定する試験で，これに合格すれば法科大学院を修了した者と同様に，司法試験を受験する資格を得ることができます。試験の内容は司法試験に準じますが，法律実務

科目についても論文試験や口述試験があります。

　司法試験では，憲法，民法，刑法の**短答式試験**と民事法，刑事法，公法の必修3科目についての**論文式試験**，さらに選択科目1科目（知的財産法，労働法，租税法，倒産法，経済法，国際関係法（公法系），国際関係法（私法系），環境法の中から選択）の論文式試験から成っています（口述試験はありません）。かつての試験が受験者の知識を偏重したものであったとの批判に応えて，現行の試験は，法律に関する理論的・実践的な理解力，思考力，判断力等のバランスを重視するものとされています。

　司法試験の合格者は，改革当初は増加して，2007年に2000人を超え，2008年から2013年までは2200人前後の水準で推移しました。しかし，司法制度改革で言われた3000人の目標には達せず，合格率も20%強から伸び悩みました。その後，法科大学院の入学者が減少し，若手弁護士の就職難や合格者の質が問題とされる中，秀山弁護士も説明しているとおり，司法試験合格者数も減少に転じていきました。2014年には1800人余りとなり，2016年には1500人余りとなって，旧司法試験の最後のころと同じ水準に戻ってしまいました。もちろん，合格率が2〜3%に過ぎなかった旧試験時代に比べれば，合格率は圧倒的に高くなりましたが（2021年は41.5%），司法制度改革が目指したところとは程遠い現状にあると言わざるをえません。

法曹養成制度の現状

　　新たな法曹養成制度の柱として鳴り物入りで始まった法科大学院は，2004年の開校当時，全国で68校，5800人余の定員でスタートしました。しかし，司法試験合格者の伸び悩みや若手弁護士の就職難など困難な状況が世に知れわたるにつれ，その人気は急落し，学生定員は徐々に削減され，2012年度には

5000人を割り，2017年度には当初の半分以下の2500人余りまで減少しています（2022年度は，2233人）。また，多くの法科大学院が新規募集を停止し，2022年現在募集を続けているのは35校にとどまっています。他方，予備試験は，制度の創設理由とは大きくかけ離れて，実際には法学部や法科大学院の学生がより短期のルートで法曹資格を取得するバイパスになっています。2021年の予備試験合格者のうち，大学生が54%，法科大学院生が21%を占め，社会人は1割強に過ぎません。このように，現在の法曹養成制度の実情は司法制度改革の理念からは遠く外れていると言わざるをえません。

　以上のような状況を受けた制度改革として，2020年から新たに，法学部に**法曹コース**が設けられました。これは，法学部を3年で卒業して法科大学院に進学できるようにするため，集中的な学部教育を行うものです。そして，2023年からは，司法試験の法科大学院**在学中の受験**も可能になっています。このような改革の結果，これからは，法学部3年，法科大学院（既修者コース）2年，司法修習1年ということで，高校卒業後最短6年で法曹になることが可能になります（医学部と同じです）。その結果，従来は（早期合格のため）予備試験に流れていた学生を，本来の法曹養成ルートである法科大学院に呼び戻すことが期待されています。私，平凡太郎のように，司法試験合格にずいぶん道草を食った人間にとっては「そんなに急いでどこに行く」という感もないわけではありませんが，これで多くの学生が法科大学院を目指すようになれば，それに越したことはないでしょう。

❊司法修習制度

　司法試験に合格しても，直ちに弁護士など法曹の職務に現実に

就けるわけではありません。司法試験はあくまでも法曹としての最低限の知識を試すものであり，実務を行っていくためには，さらにそのための研修を受ける必要があります。このような職務に就く前の研修を行うのが，**司法修習**の制度です。司法修習は，司法研修所で行われる集合修習と，裁判所，検察庁，弁護士事務所など実務の最前線で行われる実務修習とに分かれています。なお，司法修習生はかつては公務員に準じて俸給を受けていましたが，このような給費制は現行の司法試験の合格者については廃止され，2010 年から貸与制度になりました。もっとも，法科大学院生等の財政的負担の軽減のため，2017 年から再び**修習給付金**という形で，給付制が部分的に復活しました。

　司法修習の期間は，かつては 2 年でしたが，合格者数の増員に応じて 1999 年度から 1 年半となり，2006 年度からはさらに 1 年に短縮されています。この 1 年間の司法修習では，従来あった前期集合修習はなくなり，1 カ月間の導入修習を受けた後，各地方裁判所の所在地に散って，直ちに実務修習を受けることになります。実務修習では，刑事裁判，民事裁判，検察，弁護について，それぞれ約 2 カ月ずつ研修を受け，さらに 2 カ月間の選択型実務修習を受けます。分野別の**実務修習**では，実際に争点整理や証拠調べの現場に立ち会って判決書を作成したり，被疑者の取調べに立ち会って調書を作成したり，弁護士の依頼者に会って訴状や準備書面を作成したり，実際の実務に即して，それぞれの法曹がするのと同じ活動をします。また，**選択型実務修習**では，各修習生の選択に応じて，先端分野に関する修習等が行われます。その後，司法研修所において，実務修習で学んだことをいわば統合する形で，**集合修習**が行われます。研修所の教官は，現職の弁護士，裁

判官，検察官が務めています。そして，司法修習の修了試験（司法試験が第1回の試験ですので，通称「2回試験」とよばれています）が行われ，これに合格した者が晴れて弁護士，裁判官，検察官の職に就く資格を得ることになるのです。

　司法修習の内容はきわめて精緻なもので，日本の法曹の質の向上に大きな役割を果たしてきていると思われます。ただ，法律家の活動の内容が専門化・多様化している現在，このような職務に就く前の修習だけで，法律家として活動していく十分な知見・ノウハウを得るのは，ますます困難になってきています。修習期間の短期化に伴って，実際に職務に就いた後に，定期的に研修を受けて専門家としての技量を磨いていく，**継続研修**（あるいは生涯研修）の発想がいまや不可欠になっているのです。このような研修は，裁判官に関する司法研修所に加えて，検察官に関する法務総合研究所，そして弁護士については各弁護士会等で活発に実施され，その一部は義務化されています。

❀弁護士業務の規制緩和

　司法試験の合格者の数，ひいては法律家の人口は，中長期的にみて大きく増大していくことは間違いありません。現在の訴訟処理や犯罪捜査の状況をみると，裁判官や検察官の増員も必要不可欠ではありますが，法曹の数の増加によって最も大きな影響を受けるのが弁護士であることはいうまでもありません。弁護士は，1990年ころは1万4000人程度であったのが，法科大学院制度が始まった2004年には2万人程度に増加し，その後急増した結果，2022年には約4万3000人となっています。ただこれでも，100万人近い弁護士を擁するアメリカなどに比べれば少ない数にとど

まります。もっとも，このような弁護士数の飛躍的な増加は，その他の周辺的な状況，たとえば外国法事務弁護士という形での国際化の進展や民事訴訟制度・法律扶助制度の改革などとあいまって，弁護士業務のあり方，ひいては司法制度全体のあり方に質的な変革をもたらしていくことが予想されるところです。

外国法事務弁護士◆司法サービスの国際化◆

　　　司法の側面における国際化の進展を示す一例として，法的なサービスに関する外国の弁護士の日本市場への参入要求があります。本文でみましたように，日本の弁護士人口は日本の経済規模に比べて十分なものとは考えられていませんので，外国の弁護士からは，日本には未だ開拓すべき肥沃な法律マーケットが広がっているようにみえます。そこで，日米の貿易交渉のなかなどでも，法的市場への参入の自由化の問題が論じられ，その結果，**外国法事務弁護士**という制度が作られました。これは，外国の弁護士がその資格をもつ外国法について日本でリーガルサービスを提供することを認めるものですが，外国での一定の経験年数を要求したり，日本の法律を直接扱ってはならないとか，裁判所の法廷には立てないなどさまざまな規制がかけられています。ただ，その後，たび重なる改正で，日本弁護士との共同事業や日本弁護士の雇用を認めるなど徐々に規制は緩和され，日本の弁護士も着実に市場開放の波にさらされつつあります。2022 年現在，450 名を超える外国法事務弁護士が日本で活動しています。

　今後予測されるシナリオとしては，以下のような展開が考えられましょう。まず，弁護士職の内部での多様化の進展です。従来の個人開業型中心の業務形態に代わって，弁護士数百人を擁する大規模なアメリカ式**ローファーム**から，法律扶助事件などを専門にするクライアント密着型の小規模事務所，さらには企業や自治

体に雇用される**組織内弁護士**（インハウス・ロイヤー）まで，多様な活動形態が，法律サービスに対する社会のニーズに応じて，展開されることになっていくでしょう。その過程では，弁護士事務所の法人化も進んでいくことになるでしょう（2001年に制度が創設された**弁護士法人**は，2022年現在1400を超える法人が設立されています）。また，職務の多様化との関係で，弁護士の専門化も急激に進み，それに合わせて弁護士の選択に対するクライアントの欲求が強まってくることが予想されます。これは結果として，弁護士会による広告制限や報酬規制などの営業規制を緩和し撤廃していく強いプレッシャーとなってきたものですが，今後もそのような規制緩和の方向が進展していくものと思われます。

　さらに，弁護士数の増大は必然的にその周辺領域にある他の法律関係職種にも大きな影響を与えるものと考えられます。司法書士との職域闘争や社内弁護士の増加による企業法務部の変化などが当面の問題になりましょうが，さらに長期的には，公証人制度や執行官制度，裁判所調査官制度などにも大きな影響が及んでいくことでしょう。

弁護士の業務独占に風穴◆サービサー制度の導入◆───────

　　現在，弁護士は原則として法的サービスについて独占的な供給の権限をもっています。弁護士以外の者が報酬を得る目的で法律事務を取り扱うと，2年以下の懲役または300万円以下の罰金に処せられることになっています。弁護士は，この規定を根拠に過去，司法書士との争いなど多くの領域で職域の保持に全力を尽くしてきました。これは，一方では三百代言（昔，三百文で弁護を引き受けた質の低い代言人＝弁護士を揶揄した言葉です）といわれるような質の低い代理人や暴力団・示談屋などの介入を排除するのに大きな役割を果たしてきたことはたしか

です。しかし，他方では弁護士職を競争から保護して法的サービスの効率性を害してきたことも間違いないと思われます。

　ところが，1998年に金融再生関連法の一環として，いわゆる**サービサー**制度が導入されました。これは，金融機関の有する不良債権を取り立てるための専門の会社の設立を認めるもので，債権の取立てという法律事務に弁護士以外の者の参入を許したものです。小さな一歩ではありますが，この制度に基づくサービサー会社も多数設立され，その業務範囲も徐々に拡大され，弁護士の業務独占に風穴を空けています（その後，和解の仲介についても，ADR法で弁護士の業務独占の例外が認められています）。

　もちろん弁護士人口の増加は決してばら色の側面だけではなく，他方ではそれに伴う影の面をもつことが予想されます。すなわち，全体の人数の増加に伴い，悪質な弁護士も増え，弁護士の非行の増加，その結果として弁護過誤訴訟の増加や弁護士会による懲戒の活発化も予測されるところです。しかし，これらは結局，規制緩和による大競争時代が法律業界へも到来することを意味し，日本社会の長期的な趨勢からすれば避けがたいものです。もちろん十分な情報開示を前提にしてではありますが，依頼者の側にも自己責任が求められてくるでしょう。それでも，全体的なサービスの質はやはり改善されていくことはたしかであると思われ，これが一般的には望ましい方向であるといえましょう。

　ただし，他方では，人権擁護など弁護士職がこれまで担ってきた公益的な側面の活動を今後も社会全体で支えていく必要は大きいと考えられます。今後は，業務活動の独占によって得た超過利潤を公益活動につぎ込むという従来の「赤ひげ」型のやり方に期待することはできず，国など公的セクターが正面から資金（税

金）をこの面に十分に投入する必要性も同時に強調されるべきで
しょう。法律扶助の拡大などがとくに期待されるところです。
「行政型社会」から「**司法型社会**」への転換を否応なくめざさざ
るをえない 21 世紀の日本社会においては，司法・法律家は社会
の基本インフラを構成するものとして，その充実が国家的な急務
であると同時に，法曹の果たす役割はたいへんに重いものである
ことが認識されなければなりません。

> 【**重要な条文**】弁護士の資格（弁護士法 4 条～6 条），弁護士の懲戒
> （同法 56 条・57 条），非弁護士の法律事務の取扱いの禁止（同法
> 72 条・77 条），外国法事務弁護士（外国弁護士による法律事務の取
> 扱いに関する特別措置法），サービサー（債権管理回収業に関する特
> 別措置法），司法試験の試験科目（司法試験法 3 条），司法試験の
> 受験資格（同法 4 条），司法研修所（裁判所法 14 条），司法修習生
> （同法 66 条～68 条）

✎ もっと勉強したい人のために――
高中正彦『弁護士法概説〔第 5 版〕』（三省堂，2020 年）…弁護士法
の体系書。
兼子一＝竹下守夫『裁判法〔第 4 版〕』（有斐閣，1999 年）…裁判法
の標準的な体系書。
市川正人ほか『現代の裁判〔第 8 版〕』（有斐閣，2022 年）…裁判法
の簡単な概説書。

11 和解手続

●当事者の主体的な解決，それとも裁判所による押し付け？●

　この裁判が始まってから早いもので，もう1年が経ったことになる。どのあたりに双方の意見の食い違いがあるのかはだいたいわかってきたので，裁判も，そろそろ争いがある点について関係者の証言を求める段取りになるようだ。ただ，その前にもう一度話合いの機会を設けてみるということで，和解のための期日がセットされた。

　今日がその期日なので来てみると，前の弁論準備期日とやらと同じで，場所はやっぱりいつもの法廷ではなくて，準備室という札のかかった会議室風の場所であった。今日も金田の奴が息子と一緒に来ている。時間がくると，まず金田たちが部屋の中に呼び入れられた。別々に双方の言い分を聴くということらしい。

　「先生，金田の奴はひどい野郎なんで，裁判官さんにあることないこと言い散らしているに違いありませんぜ。いったいどうして，こういうふうにバラバラに話を聴くんですかい」

　「そうですね…。和解では，何よりも当事者双方の本音を聴くのが大事なことだからですよ。相手方がいるところでは，どちらも，なかなかギリギリ本当のところが言えませんからね」

　「でも，これで話合いがつけばいいですが，もし和解に失敗してしまうと，判決になるんでしょう。そのとき，今日の

席で金田の野郎がしゃべったことを裁判官さんが信用しちまったりするんじゃないでしょうねぇ。なにせ，あいつは口だけは達者な奴ですからね…。私はその辺が心配なんですよ」

「それは大丈夫です。何といっても裁判官はプロですからね。和解の席では，どんな発言があっても，それで判決の結果を左右してはいけないという決まりになっているんですよ。また，今度の証拠調べの期日では当事者尋問が行われて，金田さんも尋問されますから，今日どんなにうまいことを言っても，そのときにこちらが反対尋問をして嘘をあばいていけばいいんですから」

「そうですかい。先生がそうおっしゃるんなら，まあそうなんでしょうが…。それにしても長いですね。金田はしゃべりだしたら，止まらないんですよ。若い頃は落ち研（落語研究会）にいたとか言ってやがったから…」

私はいらいらしながら，かれこれ 30 分以上待った。裁判官と金田とのやりとりの行方を心配したり，自分の番になったときに言うことをあれこれ考えたりしながら，待っている時間はたいへん長く感じられた。

やっと終わって金田たちが部屋から出てきて，今度はわれわれが呼び入れられた。部屋に入ると，例の「お嬢さん」裁判官（華田薫判事補）がただ 1 人で座っていた。いつもいる書記官の人も，今日はいない。

「どうぞ，お座りください」華田裁判官に言われて，私はあわてて，秀山先生の隣の席についた。

「今日は和解の期日ですから，お考えになっていることをどうか率直におっしゃってください。ここで言われたことが判決に影響するようなことは決してありませんから…。さき

ほど原告側からいろいろと事情をうかがったんですが、原告のほうはある程度立退料を支払ってもよい、とお考えのようなんです。被告側はそのあたりについて、どのようにお考えですか」

「これは金の問題じゃないんだ」と私が叫び出しそうになるのを抑えて、秀山先生は冷静な声で応対した。

「それで、原告側はいったいどれくらい出すと言っているんですか」

「まだ具体的な額までは…。ただ、相場は十分に考慮すると」

「係争地の所在する地区は最近地価の上昇がとくに著しかったところです。被告としては、同じ地区に同じほどの広さの住居を構えられることが最低限の要求になります。そして、この地域では借地に出る土地が最近はほとんどないことも考えますと、それだけの土地が買え、建物が建てられるだけの立退料ということになりますね」

「それでは、話合いはきわめて困難になりますね。被告は他の地域に転出されることは、全くお考えではないのですか」

「平氏は、これまでもう20年以上、この土地で暮らしてきています。それに、原告側の執拗な妨害にもかかわらず、昨年末に町内会長に選出され、いまは会長として公的な責任も負う立場にあることも考えますと、とうてい転出は受け入れられません」

「わかりました…。ただ、被告側の法的な立場も、裁判所からみると、必ずしも問題がないとはいえないように思えるのです。原告側が老後の生活のために、本件土地に賃貸マンションを建てたいという希望は、それ自体十分に正当事由を

構成する余地があるように思われます。たしかに原告は自己の資産を十分に開示してはいませんが，それだけで正当事由を否定するわけにもいかないのではないでしょうか。また，金一さんの件にしても，引っ越してくる理由が倫理に反しているかどうかというようなことは，正当事由の有無には関係ない，という見方もできないわけではありませんし…。判決で，仮に立退料を付けた一部認容という結論になるとすれば，和解で，より有利な条件をめざされたほうが被告側としてもよろしいのではないでしょうか」

　「裁判官の言われることもよくわかりますが…。われわれとしては，ここまできた以上，判決で白黒をつけたいという思いはたいへん強いのです。原告側のいろいろなやり方は明らかに信義に反しておりますし…」

　「ただ，お互いの言い分だけを言っていても，紛争の解決は困難ではないでしょうか。これまで何十年も，お互い地主と借地人としてやってこられたのですから，そのあたりもお考えいただいて…」

　「われわれとしては必ずしも和解を望むものではありませんが，原告側がどうしてもというなら…。原告側が責任をもって同じ町内で借地を探してくれるか，そうでなければ3500万円の立退料の支払が被告側の最低限の要求です」

　ここで，秀山先生は，先日会ったときに和解の条件として示すことをあらかじめ話し合っていた金額を初めて提示した。この金額では，いまの町内に土地付一戸建てを買うのは難しいが，少し離れた場所であれば，少々狭くはなるが何とか家が建つのである。しかし，華田裁判官の美しい顔が曇った。

　「3500万円ですか…。被告もご承知のとおり，被告の借地

権の価格は概算ですが，2400万円と算定されています。原告としては，立退料に加えて建物を買い取らなければならないのですから…。相場からみて，それは少し法外ではないでしょうか」

「そういわれましても，われわれとしては，好きで和解をしているわけではありませんから…。これが最低限度のラインで，ここから出るのは相当に困難であることをご了解ください」

「わかりました。それでは，もう一度原告と協議してみますので…。外でお待ちになっていてください」

ということで，私と秀山先生は再び部屋の外に出て，入れ替わりに金田親子と若井弁護士が部屋に入っていった。

「先生，裁判官さんはわれわれにたいへん厳しい見方をしているようですね。判決になったら，危ないのではないでしょうか。ちょっと心配になってきましたよ」

「大丈夫，気にすることはありませんよ。和解はお互いの駆け引きですから，裁判官としても，われわれの弱みを衝いてくるのです。判決になれば，それはそれでまた別の話ですからね」

「そういうもんですかい…」

金田の話が終わってわれわれが再び部屋に入ったのは，それからさらに30分近く経ってからであった。結局，その日は話合いはつかず，2週間後に再び和解期日が指定された。またやるということは，話がつく見込みがあるのだろうか。判決になれば，いまの案よりももっと不利になるのではないか。いまのうちに和解を飲んだほうがよいのではなかろうか。でも，町を出ていくのはいやだ…。私の思いは千々に乱れた。

訴訟上の和解

❄判決以外による訴訟の終了──訴え取下げ，請求の放棄・認諾

　判決以外の訴訟の解決方法として，民事訴訟法はいくつかのものを定めています。実際に多い順にいうと，**訴訟上の和解**，訴えの取下げ，そして請求の放棄・認諾といったものがあります。このように，当事者の意思によって自由に訴訟の終了を認める考え方を**処分権主義**といいます。

　訴えの取下げというのは，裁判の途中で原告が訴えを取り下げて，訴えを全くなかったことにするものです。原則として，訴訟をやっている間はいつでも訴えの取下げができますが，被告側が請求の棄却を求めて応訴してきたときは，取り下げるには被告の同意を得る必要があります。被告の応訴で訴訟がある程度進んだ以上は，被告の側にも請求棄却の判決を得る利益が生じますので，原告側が自分に不利になったからといって「もうやめます」と勝手に訴訟をやめてしまうことは認められないからです。訴えの取下げがされるのは，訴状が被告に送達できないようなときを除くと，実際には訴訟の外で何らかの話合いがついている場合も多いようです（取下げによる終了は，全事件の約 17% です）。

　なお，実際に原告が訴えを取り下げなくても，訴えが取り下げられたものとみなされてしまう場合があります。たとえば，当事者が両方とも口頭弁論や弁論準備手続の期日に 2 回連続して出てこないような場合には，当事者はもう訴訟を続ける気がないものとみられますので，明示的に訴え取下げの申出がなくても，取下げを擬制することにしています。実際には，やはり訴訟の外で何らかの話合いがついた結果，訴訟を放ったらかしにすることも多

いようです。また，両方の当事者が期日に欠席して，その後1カ月以内に新たな期日の指定の申立てをしない場合にも同様の扱いになりますので，期日に欠席する場合には，このような**取下げ擬制**（実務では，**休止満了**などともよびます）を受けないように注意しなければなりません。また，訴訟手続中に裁判所が事件を調停に付した場合（**付調停**といいます）に，調停が成立したときも，訴えは取り下げられたものとして扱われます。

　請求の放棄というのは，訴訟の途中で原告が請求をあきらめてしまう点で，訴えの取下げと似ていますが，放棄がされると，訴えが最初からなかったものになるわけではなくて，請求を棄却する判決と同じ効果が生じることになります。したがって，請求の放棄には，訴えの取下げとは違って，被告の同意は必要ではありません。

　請求の放棄と逆の関係になるのが**請求の認諾**でして，これは被告側が原告の請求を全面的に認め，白旗を掲げるものです。認諾がなされると，請求を全部認容する判決がされたのと同じ効果が発生します。ただ，双方に何らかの言い分があるために訴訟をやっていることが多いのですから，このように一方の言い分を相手方が完全に認めてしまうことは，実際にはきわめて稀です（認諾が全訴訟の0.3％程度，放棄は0.2％程度にすぎません）。

❀和解の意義と評価

　民事訴訟が提起される前には当事者間で何らかの話合いがされ，それが決裂して訴訟に至るというのが普通のなりゆきです。したがって，訴訟がいったん開始されますと，およそ当事者間での話合いの余地は失われるようにも思われますが，実際にはそうでも

ありません。現在の日本の民事訴訟では，訴えが起こされた事件の3分の1ほどは，最終的には訴訟上の**和解**で終了しているのです（全事件の約37%）。これに，前にみた実質的には裁判外で和解がされて，訴えが取り下げられたような事件も合わせると，半数近くの民事訴訟は結局は話合いで決着しているということになります。その意味で，和解は現在の民事訴訟の不可欠の一部を成しているといっても言いすぎではありません。

　ただ，実際にはそうなのですが，あるべき制度として和解をどのように評価するかについては，かなり意見が分かれるところです。訴訟上の和解によって訴訟手続を終了させることは，かつては必ずしも肯定的には評価されていなかったとされます。新任の裁判官は，先輩判事から「和解判事になるなかれ」という教訓を伝えられたとも言われています。そこには，民事訴訟の王道は判決であるという伝統的な思考方法が厳然と存在していたことに加えて，事件の筋とは無関係に，「足して2で割る」式の安易な和解がされることがあったこともその原因とみられます。また，あまり成立の見込みもないのに，ダラダラと和解の話合いを続けていくような運用が望ましくないことも明らかです。

　しかし，このところは風向きが大きく変わり，むしろ訴訟上の和解に積極的な意義を認める考え方が，圧倒的に多数を占めてきています。もちろんそこには，判決書や上訴が和解によって省略でき，迅速な解決が可能になるなど効率面での利点があることも否定できませんが，より大局的には，紛争解決の方法として，判決に比べて和解がより優れているという認識もあるようです。つまり，判決というのは認定した事実について法を適用するものですから，その性質上，どうしても解決内容がオール・オア・ナッ

シングになってしまうのに比べて，和解では双方の譲り合いにより（「痛み分け」ということもあります），より公平で常識にかなった解決が可能となります。また，判決の前提とされる実体法の内容が必ずしも世間の常識に合わないような場合にも，和解によって，時代にマッチした解決が可能となることもあります（このような和解のことを「**判決乗り越え型和解**」などとよびます）。そして，水俣病に関する国家賠償訴訟やHIV薬害訴訟，C型肝炎訴訟など大規模な現代型の訴訟でも，最終的には和解による救済が積極的に図られたことは，記憶に新しいところです。

　しかしながら，以上のような訴訟上の和解の積極的な運用に対しては，根本的な観点から疑問を述べる見解もなお存在するところです。このような見解は，裁判所の本来の役割は法による裁判であり，裁判所が和解の成立に固執することは「裁判を受ける権利」を侵害し，憲法に反するものであると批判します。

　たしかにこの見解の指摘するように，水俣病訴訟などでは，裁判所による和解勧告（不成立）の後に，請求を全面的に棄却する判決がされた例もあるとされ，現在の法制度の下で判決では救済できないような当事者を和解で救済することは本筋をはずれており，むしろ判決でも救済ができるように法制度を整えるべきであると言えるでしょう。また，水俣病やHIV薬害訴訟の裁判では，患者が日々死亡していくため，時間との競争という色彩が強かったようですが，判決には時間を要するため実効的な救済にならないので和解によるというのもやはり本末転倒で，訴訟の促進に努めるのが本筋でしょう。さらに，強制執行がうまくいかないので和解で解決するというのも，本筋とは言い難い面があります。ただ，そのような意味での法制度や判決手続・執行手続の改革の必

要性は強調すべきではありますが，現実の訴訟の限界を前提とせ
ざるをえない当事者の目線に立ち，その救済に努める裁判所や弁
護士の立場からは，このような議論は形式論に映り，なお割り切
れない部分は残るでしょう。

🔲解に対する当事者の評価

訴訟上の和解に対して，裁判官や弁護士は自らの経験からさ
まざまな評価を繰り広げていますが，肝心の当事者本人がどの
ように和解をみているのかは必ずしも明らかにされてきません
でした。ただ，訴訟当事者を経験した人に対するアンケート調
査をみると，複雑な当事者の内心のほどがよく分かります。そ
れによると，たしかに和解によって判決よりも迅速に訴訟が決
着したことに対する当事者の安心や評価が認められますが，和
解に応じた理由として当事者が主に挙げているのは，解決内容
や話合いへの満足というよりも，弁護士や裁判官の説得です。
つまり，当事者としては，裁判に訴えた以上，できれば判決ま
でいきたいという心情を一方でもちながら，裁判官や自分の選
んだ弁護士にまで説得され，渋々和解に応じているさまがみて
とれます。もちろんそれが直ちに悪いということではありませ
んが，少なくとも和解の手続のなかで当事者本人の主体性をど
のような形で活かしていくのかなど，法律家も知恵を絞ってい
く必要がありましょう。

❋和解の手続

和解は訴訟をやっている間はいつでも試みることができます。
口頭弁論や弁論準備の期日のなかで試みることもできますし，ま
た和解のための別個の期日を指定して行うこともできるのです。
実際にも，どの段階で和解が試みられるかは事件によりさまざま
ですが，よく行われるのは，争点整理が一応終わった段階や証拠
調べが終了した段階のようです。平凡吉の事件でも，争点整理が

終わり，集中証拠調べの始まる前に和解が試みられています。

　和解は両当事者が裁判所に出てきて合意するのが原則ですが，必要があれば，裁判所の外で和解を行うことも可能ですし（IT化の下では，ウェブ会議による和解も可能です），裁判所から遠くに住んでいるような当事者があらかじめ和解案を書面で受諾しておくことも認められています。また，和解条項についてギリギリのところで合意ができないような場合には，適当な**和解条項の裁定**を裁判所に求めることもできますが，これは裁判所を一種の仲裁の機関として利用するものといえます（仲裁については，第3章を見てください）。そして，和解が成立した場合には，その内容が電子調書に記載されることになります。

　訴訟上の和解に関する現代的な論点として，**和解手続の規制**の問題があります。現在，和解期日は，平凡吉が経験したように，多くの場合，両当事者を交互に面接する方式で行われています。これは，両当事者の対席という審理の透明性を本質的な要素とする民事訴訟においては，きわめて異例の手続であることは否定できません。そもそも民事訴訟法のなかには和解の手続について規定した条文はほとんどありませんし，従来は和解期日という言葉すらなく，実務において頻繁に利用される和解期日は慣習法上の期日という扱いでした（令和4年改正で，少し規律が充実されました）。

　たしかに和解は最終的には両当事者の合意によって結ばれますので，そのような合意が予定されていない判決とは違って，手続に不満がある当事者は合意をしなければよい，逆にいえば，合意があることで和解の手続についても当事者に不満がなかったことが推定される，という理解はありえましょう。しかしながら，当事者によっては，話合いで紛争を解決すること自体は希望するけ

れども，そこに至る手続はなるべく透明で公正なものであること
を望むという者もいるかもしれません。そのような者に対しても，
透明な手続を望むのならば和解は諦めろ，和解がしたいのならば
このような手続で我慢しろ，と言い放つのは，公的サービスであ
る民事訴訟としては望ましいことではないでしょう。また，当事
者としては，和解が失敗に終わった場合には判決手続に戻るわけ
で，その際の影響を懸念するのももっともなことだと思われます。

　そのような点を考えれば，和解においても最低限の手続的なルー
ルが必要であると思われます。その意味からは，両当事者を当
然のように交互に面接する現在の実務には問題があり，原則はや
はり当事者を対席させる**対席和解**によるものとし，ただ，紛争の
背景的な事情を聴取する必要がある場合や最終段階でギリギリの
金額の交渉をする場合など合理的な事情がある場合に限って，必
ず両当事者の同意を得てから，例外的な措置として**交互面接**に入
るべきではないでしょうか。最近では，現にこのような運用を行
って成果を挙げている裁判官も一部いるようです。

　和解の手続については，そのほかにも，職権で**和解勧告**がされ
た場合に当事者に和解の打ち切りの申立権を認めること，和解手
続の経過を記録としてきちんと残すこと，和解手続のなかで当事
者に十分な情報を提供することなどが重要な課題となってくるで
しょう。今後も和解の機能を拡大して判決を補完する意義を積極
的に認めていくとしても，その手続の透明化を図っていくことは，
大きな課題といえるでしょう。

❁和解の効果

　和解が成立して，**和解調書**が作成されますと，その調書（IT化

された手続では，電子調書）には，確定した判決と同じ効果が認められます。つまり，訴訟手続はそれで終了して，和解に対して不服申立てをすることは，原則として認められません。きわめて例外的なことですが，和解をした当事者の意思に錯誤があったような場合には，和解の無効を確認する訴訟などが認められるだけです（新しい訴訟を起こすのではなく，もとの訴訟手続をその時点から続行するため，期日指定を申し立てるという便法も認められています）。

　また，和解調書に基づいて，当事者は**強制執行**をすることができます。たとえば，和解のなかで，金銭の支払や建物の明渡しが合意されながら，当事者がそれを履行しないような場合には，相手方は強制執行によってその債務を強制的に履行させることができるのです。なお，このような和解調書の**執行力**を利用することを目的にして，訴えを提起するのではなく，そもそも和解だけを求めて簡易裁判所に申立てをすることも認められています（これを**訴え提起前の和解**または**即決和解**とよびます）。

> **【重要な条文】** 訴えの取下げ（法261条・262条），訴えの取下げの擬制（法263条），請求の放棄・認諾（法266条），和解の試み（法89条），裁判所外の和解（規32条2項），和解条項案の書面による受諾（法264条，規163条），裁判所が定める和解条項（法265条，規164条），和解・放棄・認諾に係る電子調書の効力（法267条），訴え提起前の和解（法275条，規169条）

12 証人尋問

●真実発見のための切り札，それともガス抜きのための儀式？●

　ついに，この裁判のハイライトである人証調べの日となった。先月から今月にかけて 3 回ほど和解のための期日がもたれたが，結局は立退料の金額について折り合いがつかず，和解は失敗に終わった。こちらは当初は 3500 万円を要求したところ，原告側はそれよりもかなり低い線を提示したようである。その後の折衝のなかで，われわれも 3000 万円まで譲歩していったが，向こうの提示とはなお 1000 万円近くの開きがあったようで，その溝はついに埋まることなく，話合いは決裂のやむなきに至ったのである。そこで，ついにきっぱりと判決により白黒をつけることになった。

　さて，今日は，この裁判についてのすべての人証を，まる 1 日かけて，まとめて尋問する手はずになっているという。原告側の証人は，原告の息子の金田金一，町内会の亀田元造（金田の一の子分で，去年私と町内会長の座を争って，敗れた男である）と，金田金造自身が尋問される。それに対して，こちら側は，金一が以前勤めていた病院の看護師坂田恵子，うちの隣組である望月幸介と，私，平凡吉自身である。これらの人の尋問をとおして，いままでの借地契約に関するさまざまな事情，金田金造が自らこの土地を利用する必要性，私がこの土地に居住し続ける必要性，金田金一が診療所を開設する必要性などが審理されることになるわけである。

今日１日の出来ぐあいで，この１年余りのすべての努力が報われるか，または無に帰するかが決まり，私のこれからの人生が決定されるのだ，と考えると，身ぶるいするような緊張感が私を襲った。私は無意識のうちに，今日のために新調したばかりのネクタイを締め直していた。

　「起立」という書記官の声に従って，法廷にいる全員が立ち上がり，まず，金田金一が「良心に従って真実を述べ，何事も隠さず，また，何事も付け加えないことを誓います」と紙に書いた文章を読み上げて宣誓をした。その後，金一は，今自分が診療所を開設する必要性，人口急増中のこの地区における地域医療の重要性などをとうとうとまくし立てた。父親譲りの能弁であったが，秀山先生から反対尋問で看護師との不倫疑惑について責めたてられると，一転して寡黙になり，「そのようなことはこの事件とは何の関係もありません」などと言い抜けていた。この点は，後でこちら側の証人の取調べが予定されている。

　次に，金田の子分の亀田は，私が地代を踏み倒し，地主の悪口を言いふらし，借地関係の信頼を破壊してきた，いかに信用のできない男であるかを，あることないこと取り混ぜて言い立てた。これに対し，秀山先生の反対尋問は，町内会長選のライバルとして，亀田が私をいかに逆恨みしているかという点を中心としたものだった。

　午前の調べの最後に，金田金造自身が証言席に立った。

　「あなたは現在65歳ということですが，何か職業をおもちですか」若井弁護士が質問をする。

　金造は，「いえ。5年前に，長い間勤めてきた商社を定年で退職しまして，現在は無職です」と答える。

「そうすると，現在の生計は主として年金によっていると
いうことでしょうか」

「そのとおりです」

「資産は，本件の土地以外にどのようなものがありますか」

「資産とよべるようなものはほとんどありませんです。退
職金を定期預金にしていますが，ご存じのような低金利で目
減りするばかりですし…」

「そこで，あなたの唯一の資産である本件土地を有効に活
用しようと思い立ち，本件土地上に息子金一氏の診療所の入
った賃貸マンションを建築する計画を立てたというわけです
ね」などと，あらかじめの筋書きどおりに，淡々と尋問は進
む（金造がどんなことをしゃべるかは，事前に受け取っていた
金造の陳述書でだいたいわかっている）。その後，秀山先生の
ほうから反対尋問をした。

「現在の予定では，賃貸マンションは何階建で，何部屋入
居する予定ですか」

「まだ，はっきりと決まっているわけではありませんが…。
できれば，容積率ギリギリの線で，6階建で，各階に2DK
タイプの部屋を6部屋ずつといったことを…」

「そうすると，合計36室ということになりますか」

「いえいえ。1階は貸店舗にする予定ですし，2階は息子の
診療所，また最上階にはわれわれの居室を設ける予定ですか
ら…」

「なるほど…。それにしても，少なくとも18室は確保され
るわけですね。1室月10万円の家賃としても，毎月180万
円の収入，それに貸店舗の賃料を加えれば，年収2500万円
は下らないということになる。平さんを無理に追い出してお

いて，これを老後の生活の保障というには，ちょっと豪勢すぎるのではありませんかね」

「そうはおっしゃっても，マンションの建築については当然借金をするわけで，その元本利子をそのなかから返済していかなければいけませんし，税金や管理費や何かもあって，家賃がそのまま私の収入になるわけではありませんよ」

「そうですか。ところで，現在は年金と退職金の利子で生活されているということですが，年金は毎月いくらですか」

「だいたい28万円くらいです」

「退職金はいくらでしたか」

「それは…，プライバシーに関することですから…」

「陳述を拒絶されるのですか。裁判長が最初に言われたように，正当な理由なく陳述を拒絶されると，被告側の主張が真実とみなされることがありますよ」

「3000万円です」

「3000万円ですか。仮に年5％で回るとすれば，毎年150万円，これに被告からの地代収入が年間約80万円，年金も合わせれば原告の年収は，それだけで，600万円近くになりますね。老後の生活としては，これで十分なようにも思われますがねえ…」

「そんな…。いまどき5％なんて，どんな運用をすればそうなるんです。せいぜい1％がいいところですよ。それに地代なんて固定資産税で全部消えてしまいます」

「しかし，それに加えて，原告の子息である金一氏は医師として高収入がある。さきほどのお答えでは，昨年の年収は1500万円であったとか…。これからすると，あなたがた一家には，老後の不安などといった言葉はいちばん遠いのでは

ないですか」

「そんなこと…。息子には息子の家庭があり，生活があります。息子の収入は私たちにはそもそも関係ありませんよ」

このようなやりとりが延々と続いた。こちら側としては，原告の老後に不安はないので，いま賃貸マンションに建て替える必要性には乏しく，かえってマンション建築は原告に不当な利益をもたらすことを立証したかったのであるが，それはおおむね成功したようにみえた。

午後になって，金一の以前勤めていた病院の看護師坂田恵子が金一と同僚との不倫関係について証言し，また隣組の望月幸介は，私が誠実に地代を支払い，以前は金造との関係もうまくいっていたのに，金一が頻繁に実家に出入りするようになってから，金造の態度が一変し，露骨に私に嫌がらせをするようになったといった事情を，実例を交えながら証言してくれた。最後に，私自身が陳述し，その後に，各人の証言が食い違った部分について，対質とかいって同時に証言が行われた。金造があまり自分に都合のよいことばかり言うので，私もついカッとなり，言い合いとなって裁判長からたしなめられる場面もあったが，私としては言いたいことを全部言えて，すっきりした気分になれた。最後に，裁判長のほうから再度和解を打診されたが，双方とも応じる意思がないことが確認されただけであった。これで，事件の審理は，あとは最終弁論と判決の言渡しを残すだけとなった。

私はもはや，やるだけのことはすべてやったと開き直った気持ちになり，言いたいことが全部言えたこともあって，その日は胸のつかえを吐き出すように，またまた一升瓶を空けたものである。

証拠調べの手続

❊証拠調べの必要

　裁判において法を適用して最終的な結論を下す前提として，法を適用する根拠となる事実を確定しなければなりません。そのような事実を確定する方法としてはまず，そもそも当事者間にその事実の存在または不存在に争いがなければ，当然にその点を前提とすることになります。一方の当事者の主張を相手方がそのまま認める，つまり**自白**する場合や，明確に争わない場合（このような場合は自白したものとみなされるので，**擬制自白**とよびます）などです（前にみた欠席の場合もこれに入ります）。

　これに対して，自白が成立しない場合には，裁判所は，必ず**証拠調べの結果**または**弁論の全趣旨**によって，事実を認定しなければなりません。弁論の全趣旨というのは，口頭弁論に表れたあらゆる現象を意味し，たとえば，弁論をするときの当事者や代理人の態度，攻撃防御方法の提出の時期などがこれに当たります。それ以外の事情で，裁判官がたまたま真実を知っていたような場合であっても，それにより事実を認定することは許されません（裁判官が証人となるときは，事件から除斥されます）。裁判官と証人を兼ねることができないというのは近代裁判の大原則であり，遠山の金さんはいまの裁判では成り立たないのです。ただ，「東日本大震災の起こった日」などといった**公知の事実**や**裁判所に顕著な事実**は，とくに証拠等によらずに認定することが許されています。

　証拠調べによって事実を認定する場合には，裁判所は**事実の認定に必要とされる程度の心証**を得なければなりません。ある事実を認定する場合にどのような証拠調べによるのか，またある証拠

によってどのような心証を得るのかは，基本的に裁判官の自由に任されています。古くは，契約の成立を認定するためには，2人以上の証人の証言の一致がなければならないとか，裁判所の事実認定を制限するようなルールがありましたが，現在の制度は裁判所の自由な心証によることを認めています（これを**自由心証主義**といいます）。

このような自由な心証に従っても必要な心証を抱くことができないときには，その事実を立証する責任（**証明責任**）を負っている当事者の不利なように事実が認定されます。たとえば，弁済という事実があったかなかったかについて十分な証明ができなかった場合，弁済による請求の棄却を求める被告に証明責任があるときは被告が敗訴になりますし，逆に原告が弁済のなかったことを証明する責任があるとすると，原告の請求は斥けられることになります。

このように，**証明責任の分配**は訴訟の帰趨を最終的に決するのみならず，審理の進め方についても，どちらが主張立証をまず行うべきかなど，その基本を決める重要なポイントとなります。そして，この点は，それぞれの事実に関する法律の規定のしかたなど，適用される法の趣旨に基づいて定まるものとされています。

❧証拠調べの方法

証拠調べの方法は，民事訴訟法が定めている方法に限られます。民事訴訟法は原則として5つの証拠調べの方法を規定していて，今回問題となった証人尋問と当事者尋問のほかにも，鑑定，検証，書証といった方法があります。

このうち，**鑑定**は，ある事実について専門的な知識をもってい

る第三者にその事実の評価をさせる証拠調べです。専門的な社会科学上・自然科学上の経験則が問題となる裁判ではとくに有効な証拠調べの方法で，公害訴訟や医療過誤訴訟など現代的な訴訟では不可欠な証拠調べの方法となっています。また，平凡吉の訴訟のような借地借家関係の事件でも，立退料等の関係で借地権の評価などが問題となってくれば，不動産鑑定士による鑑定を行うことが考えられるところです。ただ，鑑定人をどのように確保するかという問題や鑑定人の報酬については申立人があらかじめ納めなければならないという費用負担の問題などがあり，その実施に困難な面もあります。

㊫定人は嫌われ役？

　鑑定人のなり手を探すのは，とくに医療過誤訴訟などではたいへん困難だといわれています。同僚である他の医者の診断や治療についてのミスをあれこれあげつらうのはあまり気持ちのよいものではないでしょうし，またミスを認める鑑定でも認めない鑑定でも，どちらかの当事者には必ず不利になるわけですから，当然不利になる当事者の側から厳しい質問を受け，場合によっては専門家のプライドを傷つけられることもありえます。また，医者の世界では，出身大学などにより派閥があるようで，そのような派閥を考慮しながら適切な鑑定人を選ぶのは容易なことではないといいます。このような事情を勘案して，2003年の民事訴訟法の改正では，鑑定制度の改善も行われました。そこでは，従来のように，証人尋問と同じ形で尋問するのではなく，基本的には裁判官から質問する**鑑定人質問**の制度などが創設されました。また，鑑定人のなり手の確保については，裁判所と各地の病院や医療関係の学会等との間にネットワークを設けるような実務的な努力も行われ，事態は徐々に改善しつつあるといえます。

次に，**検証**というのは，物の性質や状態を裁判官の視覚，聴覚，触覚など五感の作用で直接に把握するような証拠調べの方法です。検証の対象物を現実に目で見たり，手で触れたりして，その状況を把握するもので，「百聞は一見に如かず」という諺が示すとおり，そのような事物の状況が争点になるような事件では，有力な証拠となります。実際には，建築の瑕疵や境界の確定などが問題となる裁判で利用されるようです。本件でも，土地の望ましい利用方法について，その土地の形状などが問題となってくるような場合には，現地の検証をする余地もありましょう。

　ただ，これは実際に現地に赴くわけですから，忙しい裁判官や書記官の時間を多くとるのが何といっても難点です（ただ，IT 化により，検証でもウェブ会議が使えるようになります）。また，検証の結果を客観的に調書に記録するのもまた，書記官にとってはたいへんに難しい作業である点も問題とされます。そこで，多くの場合には，当事者の側から，写真やビデオ等で現況を写したものを書証（**準書証**）として提出することで済ませるのが一般的ですし，どうしても裁判官が現場を見たほうがよい場合でも，正式の検証という形ではなく，現地での**進行協議期日**という形をとることもあるようです（進行協議期日については，121 頁のコラムを参照してください）。

❀訴訟における専門家の活用

　以上に見ましたように，事実の認定について専門的な知見が必要となる場合には，**鑑定**という証拠調べの方法が用いられることになります（他に，より簡易に専門的知見を取得する方法として，**調査嘱託**という証拠調べの方法も存在します）。ただ，専門的な知見が訴

訟で必要となる場面は，事実認定＝証拠調べの場合だけではありません。たとえば，争点を整理する場合や和解を勧告する場合にも，専門的な知見を必要とする場面は生じます。従来は，このような場面では十分な対応ができず，それが**専門訴訟**の審理の問題点とされてきました（なお，話合いによる解決を図り，それが失敗した場合にはそこでの成果を争点整理に活かす方策として，裁判所が職権で事件を調停に付し，専門家を加えた調停委員会において調停手続を行うという運用もありますが，調停制度の本来の趣旨にそぐわないという批判もあるところです）。

　そこで，司法制度改革に伴う 2003 年の民事訴訟法改正において，新たに**専門委員**の制度が設けられました。これは，医療過誤や建築瑕疵など専門的な知見を必要とする訴訟において，その争点整理，証拠調べ，和解の過程に専門家を関与させて，裁判官の知見を補うことにより，迅速かつ適正な訴訟運営の実現を目的としたものです。たとえば，医療過誤の訴訟では，医者を専門委員として，争点整理や和解の過程などで，裁判官は自分がよくわからない専門的な事項について説明を求めることができます。これによって，争点整理や和解の内容が適切なものになることが期待できるわけです。

　ただ，この専門委員の関与については，懸念も示されました。とくに，医者が専門委員となるような場合には，仲間意識のために，専門委員が医療側に有利な説明しかしないのではないか，といった心配です。そこで，法律では，専門委員の説明を求めるについては，両当事者が立ち会うことができる期日でするか，書面ですることにより，当事者の反論の機会を必ず与えて透明性を確保するほか，争点整理・証拠調べへの関与については当事者の意

見を聴取し，和解への関与については当事者の同意を必要とする
など当事者の意向を重視しています。

❉書　証

　書証というのは，文書の記載内容を証拠とする証拠調べです。
これは，文書内容の情報それ自体を証拠とするものですので，情
報が記録されている媒体が紙であることはそれほど重要ではなく，
コンピュータの USB メモリーや録音テープ，ビデオなども書証
に準じて取り扱われます（**準書証**とよびます）。さらに，裁判の IT
化に伴い，物に化体されていない電磁的記録情報（電子データ）
自体も直接証拠調べの対象となり，書証の規定が準用されます。

　書証と人証の違いは突き詰めれば，問題となる情報が紙などの
媒体に固定されているのか，人間の脳の中にあるのかの違いにす
ぎません。しかし，文書の中身の改変は，その痕跡が残るために
普通は困難ですので，書証は実際上はたいへん有力な証拠となり
ます。平凡吉の事件でも，借地契約書その他，多数の書証が提出
されていることでしょう。ただ，日本では従来，取引などにおけ
るやりとりを書面に残しておくという習慣があまりなく，有力な
書証が存在しないような事件も多いので，その結果として，証拠
調べも人証中心主義を招いているわけです。

　書証の取調べについては，当事者が取調べを求める文書を自ら
所持していて，それを提出するのが普通です。ただ，それを相手
方や第三者がもっているときには，任意の提出を求める**送付嘱託**
という方法によるか，強制的に提出をさせる**文書提出命令**を申し
立てることになります（文書提出命令については，証拠収集に関して
前に説明しましたので，第 6 章を参照してください）。

書証の取調べをするについては，**文書の成立の真正**ということが問題になります。これは誤解を招きやすいのですが，文書の内容自体の正しさを意味する概念ではなく，文書がそれを書いたとされる人が本当に書いたものであるかどうか（言い換えれば，誰か他の人の偽造した文書ではないかどうか）という問題だけに関係します。たとえば，Aさんが作ったとされる全く嘘の内容の報告書でも，それはAさんが自ら書いたものだとすれば，その意味では「真正」な文書となるわけです。書証の取調べをするには，まず文書の成立の真正が証明されなければならず，どこの誰が書いたかもわからないような文書は，そもそも証拠価値がないとされて，書証の対象にはなりません。

　なお，**公文書**は一般にその真正な成立が推定されますし，私文書は，本人の意思に基づく署名または押印があるときは真正な成立が推定されます。白紙に押印して，中身の補充を容認するような人はあまりいないからです。そして，**実印**などその人の印鑑で押印されているときは，その人の意思に基づく押印であると事実上推定されることになっています。印鑑は社会生活上重要なものであるので，他の人が本人の意思に反して勝手に押印するようなことは通常ないという経験則が働くからです。この結果，ある人の実印の押された文書は真正な成立が推定されることになります（これを「**二段の推定**」と呼びます）。

❀人証（証人尋問，当事者尋問）と集中証拠調べ

　さて，以上のような証拠調べの方法がありますが，日本の民事訴訟において実際に最も重要なものとなっている方法は，証人尋問や当事者尋問という人証調べです（鑑定も含めて**人証**と呼び，こ

れ以外の検証・書証のことを，人証に対して**物証**と呼びます）。

　証人尋問は，事実について第三者の証言を求める証拠調べで，他方，**当事者尋問**は，同じく事実について当事者本人（当事者が法人である場合はその代表者）の陳述を求める証拠調べです。前にみたように，法律関係について書面があまり作成されないという日本の風土・慣行のなかでは，諸外国に比べても人証の重要性がきわだっていますし，またそもそも書面の作成が予定できないような不法行為訴訟などの訴訟類型では，人証はとくに重要なものとなります。

　証人尋問と当事者尋問はほとんど同じ形式によります。両方を行う場合には，中立的な証言を最初に聴こうということで，原則として証人尋問をまず先に行いますが，現行法のもとでは，この当事者尋問の補充性は緩和されており，裁判所が適当と認めるときには，当事者の意見を聴いて，まず当事者尋問のほうから先に始めることもできるようになっています。当事者本人の方が実際には事件の全体像をよく把握していることも多いことによります。

　これらの人証が重要な証拠であるということは，同時にこれらの証拠調べが訴訟の審理の時間を最も長くとることも意味します。したがって，民事訴訟の審理の充実や促進を図るためには，人証調べの充実・促進が最も緊要な課題になるといえましょう。そのため，現在広く行われているのが，いわゆる**集中証拠調べ**です。平凡吉の事件の証拠調べも，まさにそのような方法によって行われています。以前は，人証を1期日に1人ずつ**尋問**して（さらに，同じ証人の主尋問と反対尋問とを別の期日にすることも多くあったようです），期日の間隔が2カ月ほどあくというような運用が常態でした。しかし，このような尋問のやり方では，3〜4人の人証調

べに1年以上の時間を要し，訴訟が遅延するのみならず，裁判官の記憶が薄れたり，転勤があったりして，適切な事実認定それ自体が妨げられるおそれもありました。そこで，集中証拠調べによって，なるべく1期日で（それが困難な場合でも，できるだけ連続した数回の期日で），人証調べを終わらせるよう，1996年制定の現行民事訴訟法がこれを原則としたものです。

集中証拠調べの実施には，事前に十分な争点の整理を行い，また尋問が他方の当事者に対する不意打ちとならないように陳述書の交換など事前の証拠開示を充実させ，また証人の出頭を確保して期日が空転しないように工夫する必要があるなど，さまざまな実際上の難問がありますが，現行法の下では，実際にも集中証拠調べが一般化しています。旧法の時代には，集中証拠調べが困難であるとされた医療過誤訴訟など専門訴訟でも，集中証拠調べが運用として確立しています。この点は，民事訴訟が現行法の下で実際に最も様変わりした点といえるでしょう。

㊨集中証拠調べの課題◆法律家の労働強化？◆

集中証拠調べが，真実の発見という観点からも，訴訟の促進という観点からも，より望ましいものであることには，現在あまり異論はないように思われます。それにもかかわらず，これが従来あまり行われてこなかったことには，それなりの理由がありました。一口でいいますと，このような審理方法は，裁判官にとっても弁護士にとっても，その準備や実施がたいへんに負担となることが大きな要因であったように思われます。裁判所が1つの事件に集中して多くの時間を費やすことで，他の事件の審理にしわ寄せが及ぶおそれがありますし，また弁護士は，1回の期日で事実上勝敗が決まってしまうため，その準備は精神的にも肉体的にもたいへんな作業となりましょう。証拠調べの期日では，裁判所書記官を含め関係者全員が1日中緊張を強

いられます。このような集中証拠調べのたいへんさは現行法の
もとでも変わりませんが，たいへんであるからといってそれを
避けることは，もはや世間が許さなくなっているといえます。
裁判官，裁判所書記官，弁護士は，それぞれの業務や態勢のあ
り方に抜本的なメスを入れながら，必死に新たな訴訟像を作り
出してきたところなのです。

❀尋問の方法

　人証の具体的な尋問の方法として，証人尋問においてはまず，
金田金一がしたような決まった文言に従って**宣誓**がされます（当
事者尋問では，宣誓は義務的ではありませんが，裁判所の裁量により，
宣誓させることができます）。宣誓をしたにもかかわらず虚偽の証
言や陳述をすると，証人の場合は**偽証罪**となりますし（宣誓の前
に，裁判長は偽証をした場合の3カ月以上10年以下の拘禁といった罰則
について告げることになっています），本人の場合は過料に処されま
す。ただ，キリスト教などの宗教的な背景を欠く日本では，偽証
の罪の意識は一般に低いもので，また刑事訴追もあまりされてい
ないのが実情です。

　尋問は，まずその証人等の尋問の申出をしたほうの当事者が行
い（これを**主尋問**といいます），次いで相手方が尋問し（これを**反対
尋問**といいます），場合によっては，申出当事者の再度の尋問（再
主尋問）や裁判官の尋問（**補充尋問**）をするという順序で行われま
す。このように，当事者が尋問の主導権を握るような方式のこと
を**交互尋問**方式といって，戦後アメリカの影響のもとで導入され
たやり方です（戦前はドイツなどでいまでもされているように，裁判
官が中心となって尋問をする方式でした）。ただ，相手方や第三者の
手持ち証拠の開示を受ける制度が必ずしも十分ではない日本では，

証人の言い分を客観的な資料により崩すことはなかなか困難なようです。結局は水掛け論になってしまい，反対尋問が功を奏することは少ないとされ，交互尋問制度の有効性については，やや疑問視されているところもありますが，最近では，陳述書の活用や証拠収集方法の拡充などによって，反対尋問が有効に行われるよう，努力がされています。なお，現行民事訴訟法では，裁判長が適当と認めるときは，当事者の意見を聴いて，このような尋問の順序を変更することができるようになっています。

犯罪被害者の権利保護

犯罪被害者の保護を強化すべきであるという世論は強く，刑事訴訟の世界では，被害者の訴訟手続への参加の制度なども導入されていますが，民事訴訟の世界でも，被害者保護は1つの潮流となっています。2007年の民事訴訟法改正では，この証人尋問・当事者尋問の場面で，被害者の感情に配慮した措置が採られました。たとえば，証人が1人では尋問を受けるのが不安であるような場合に**付添人**を付けてもらうことができ，また相手方や傍聴席から見られることが不安な場合には，遮蔽の措置を採ってもらうこともできます。さらに，証人だけが別室にいて法廷から**ビデオリンク**で尋問を受けるということも可能になりました。これらは，犯罪被害者が民事訴訟で権利を行使し，また証人として真実解明に協力する過程で，2次被害を受けることがないように配慮したものです。さらに，刑事訴訟の手続の結果を利用して原則として4期日以内に命令を得ることができるなど被害者の権利保護を容易にする制度として，**損害賠償命令**といった手続も用意され，従来無視されがちであった被害者の視点が民事訴訟においても重視されるようになっています。

証言を求められた証人は，原則として必ず出頭して証言する義務を負います。ただ，一定の場合には証言を拒絶することができ

ます（このような証人の権利のことを**証言拒絶権**といいます）。自分自身や自分の親戚などがその証言によって刑事訴追を受けるおそれがあるような場合，医師や弁護士など職業上の守秘義務を負っている場合，企業秘密に関する証言が求められる場合などには，証言拒絶権が認められます。そのような証言拒絶権がないにもかかわらず，出頭しなかったり，証言を拒否したりする証人は勾引され，また罰金等の刑罰を科されますし，当事者本人が陳述を拒絶する場合には，相手方の主張がそのまま真実と認められることがあります（金田金造もそのような警告を受けていました）。

　証人等の尋問は，合議体の場合は裁判所の構成員全員が出席して行うのが原則ですが，裁判所の外で尋問する場合には，そのなかから**受命裁判官**を選んで，その者に尋問をさせることもできます。また，遠隔地で尋問をする場合は，他の裁判所の裁判官に委託することも可能です（このような委託を受けた裁判官のことを**受託裁判官**と呼びます）。また，尋問すべき証人が多数に上るような大規模な事件では，裁判所の建物のなかでも，受命裁判官による尋問が可能とされ，審理の効率化が図られています。なお，IT 化の下で，尋問もウェブ会議を利用してできるようになりますが，この点の詳細は，第9章を参照してください。

　証人や当事者は個別に尋問するのが原則ですが，それぞれの証言が矛盾するような場合には，同じ質問を複数の証人等に対して同時にする**対質尋問**というやり方も許されています。この方法によって，どの証人が嘘をついているかが相当にはっきりするといわれ，真実の発見のために有効な方法として，最近は活用する裁判官もいるようです。

【**重要な条文**】証拠の申出（法180条），鑑定人の指定（法213条），鑑定人質問（法215条の2），検証（法232条），調査嘱託（法186条），専門委員の関与（法92条の2以下），書証の申出（法219条），文書送付の嘱託（法226条），文書提出義務（法220条），文書提出命令（法223条），文書の成立（法228条），電子データの証拠調べ（法231条の2・231条の3），集中証拠調べ（法182条，規100条・102条），裁判所の外での証拠調べ（法185条），証人義務（法190条），証言拒絶権（法196条・197条），宣誓（法201条，規112条），尋問の順序（法202条，規113条），対質（規118条），証人の付添い（法203条の2），遮へいの措置（法203条の3），当事者尋問（法207条）

13 判 決 合 議

　この章では若干趣向を変えてみまして，神ならぬ身の平凡吉には知る由もありませんが，裁判官室という密室の中で，裁判官たちがこの事件について行ったでありましょう会話の模様を，この平凡太郎の想像のもとに，ご紹介してみましょう。

●裁判官の決断と転勤──3月に判決が多いのはどうして？●

　ここは，A地方裁判所第三民事部の裁判官室。書記官室側のドアから入って（廊下側の扉は，原則として立ち入りが禁止されている），裁判官室の窓を背にした机が，部総括裁判官（「部長」と俗にいわれます）の座席である。第三民事部の部総括裁判官は友川裕一郎判事53歳，司法研修所の46期である（裁判官や弁護士の仲間うちでは，ある人のことが話題になると，必ずといっていいほどその人が研修所の何期かというところから話が始まるし，自己紹介でも，普通の人の何年生まれというのと同じような感覚で必ず言及されるものである）。友川部長は，窓の外を見やりながら眼鏡をいじっている。何か考えごとをしているときの部長の癖である。部総括裁判官の席から見て左手に座り，お茶をすすりながら，手元の記録にじっと目を据えているのが，第三民事部の右陪席裁判官，神田光三判事40歳，司法研修所の57期である。そして，神田判事の真正面，友川部長から見て右手に座って，パソコンのキーボードを一所懸命にたたいているのが，（われわれには

お馴染みの）左陪席裁判官，華田薫判事補28歳，司法研修所の70期である。両陪席裁判官の手前にもそれぞれ座席がある。これは司法修習生用の席であるが，現在は実務修習生がいない時期なので空席である。

　華田判事補がキーボードを打つ音と神田判事が記録をめくる音だけが聞こえる，いつものように静かな裁判官室の朝の空気を破ったのは，友川部長の言葉であった。

　「そういえば，例の不倫医者のからんだ土地明渡事件だが，先週集中証拠調べもやったことだし，和解にはなりそうもないから，そろそろ結論を出して，起案のほうも進めてもらったほうがいいと思うんだが…。どうだろうか」

　「それでしたら，もう判決書の事実欄はだいたいできていますので…。あとは結論さえ決まれば，すぐ書けますが…」と，華田判事補が応えた。この事件は，彼女が主任裁判官で，判決起案の担当者である。

　「この間の証人尋問の感じじゃ，やはり請求棄却じゃないですかね」神田判事が率直に印象を述べた。「何といっても，金田金一の病院辞職の理由は心証が悪すぎますよ。それに，親父のほうも緊急にマンションを建てなければならない理由が，イマイチ弱いですしね」

　「そうでしょうか」華田判事補が反論する。日ごろは物静かで，昼休みも1人で記録を読みながらカロリーメイトをかじっていることの多い彼女も，合議となれば先輩裁判官の意見に正面から異論を述べることも多い。「借地借家法の正当事由については，現在その土地を利用する必要性の強さだけを問題にすべきで，そこに至る経緯の社会的・道徳的な正当性などは法律論としてはカウントすべきではないと思います。

それから，原告の老後の生活のための賃貸マンションの建築は，所有権の行使の方法として当然認められてよいのではないでしょうか。被告には，立退料で考慮してあげれば，バランスはとれると思います」

　「そうかなあ。被告は本人尋問でも言っていたように，やっぱりいま住んでいるところに死ぬまで住み続けたいと考えているんでしょう。だったら，安易に立退料というお金の問題にするわけにはいかないんじゃないかな」

　「ただ，和解の席では，被告も希望の立退料を提示して交渉をしていたんですよ」

　「和解の席での話を判決をする際に考慮するのは，被告にしてみれば不意打ちになってしまうんじゃないですか。被告は，和解に応じるなら，というあくまで仮定のこととして，立退料の話をしたんでしょうからね」

　「わかりました」いままで黙っていた友川部長が言った。「まだ，いろいろ議論があるようだから，結論は両当事者の最終準備書面が出そろってからということにしましょう。申し訳ないが，華田さんには，立退料付の請求認容と請求棄却の両刀で判決書を用意しておいてもらえますか」

　「はい，わかりました」と，華田判事補が応える。

　「皆さんもすでに知ってのとおり，この部は，この3月で3人全員が転出してしまいます。後から来る人達のことも考えれば，解決できる事件はできるだけ解決していくのが礼儀だからね。かなり無理をお願いするかもしれないけれど，よろしく頼みますよ」

　「部長は，今度は仙台高裁の秋田支部長にご栄転でしたね。たしか，秋田はご出身なんでしょう」

「そうなんだ。ただ，裁判官としては，秋田は全く初めて
だからね。東北も，初任で仙台に行って以来だから，もうか
れこれ25年ぶりになるかなあ…。君のほうは，今度は最高
裁の調査官でたいへんだろう」

　「そうですね。私も，最高裁は若い頃に民事局の局付で行
ったことがありますが，事務総局と調査官とでは，またずい
ぶん仕事の中身も違うでしょうからね」

　「それに，最近では，最高裁判所の上告事件もだいぶ変わ
っているのではないですか」と，華田判事補がお茶を飲みな
がら聞いてくる。

　「たしかに，1996年の改正で上告制限の規定ができて，調
査官も重要な事件に集中できることにはなっているはずなん
だが…。ただ，実際には，上告受理の事件では，やはり訴訟
記録を読みこんで，結論に間違いがないかを確かめる必要が
ある程度あるんじゃないかな。最高裁の裁判官の負担は軽減
する必要があるけど，当事者にとっては掛け替えのない事件
だからね。調査官としては，色々と悩むみたいだね」

　「そうですか」

　「そういう華田君は，東京地裁という話だったが，もう部
の配属は決まったのかい」

　「はい。昨日電話がありまして，どうやら倒産部というこ
とになりそうです」

　「へえ，倒産部か。そりゃ，たいへんだ。たしか部長も倒
産部のご経験がおありでしたね」

　「うん。でも，僕がいたのはもう20年近く前だからね。当
時は民事再生法や破産法が改正されてから日が浅く，事件数
も多くて，ずいぶん忙しかったのを覚えているよ。最近は，

事件数がかなり減って，少しは余裕ができているんだろうね」

「何といっても過払金の問題が大きかったですね。今まで債権者だった消費者金融が，一夜にして債務者になったわけですから…。それから，金融機関も今では事業性評価などといって，債権の取立てよりは事業支援に熱心ですからね。時代が変わったということですかね」

「ただ，難しい法律問題が発生しているのは昔と同じで，最近も最高裁でいくつも重要な判例が出ているよね」

「建物も，もうすぐ中目黒に新しくできるビジネス・コートの中に移るんでしょう。倒産法は，通常部の事件を扱う際にも常に必要となる知識だから，専門部でまとめて勉強できる機会は貴重ですよ」

「私，倒産法って，司法試験の選択科目でもとらなかったものですから…。いまから勉強しようと思っていますので，また色々とお教えください」

裁判官室での合議は，いつのまにか転勤話に花が咲くことになってしまった。平凡吉の事件に決着がつくのは，まだ先のこととなりそうである。

裁 判 官
—— 裁判職人か，司法官僚か ——

❉裁判官の採用

日本では，裁判官は，原則として司法修習生のなかから，その人の一生涯の仕事として任命されるという**キャリアシステム**が採

用されています。法曹資格を取得した者の全員がいったん弁護士などの実務家になった後に，そのなかから裁判官を採用するという英米などにみられる法曹一元制とは異なる制度です。そのため，裁判官になりたい人は，まず法科大学院を経て司法試験の合格をめざし，合格後に司法修習生として実務修習などを行いながら最終決断をすることになります（司法試験や司法修習の制度については，第10章を見てください）。ただ，司法試験に合格したからといって当然に裁判官になれるわけではありません。裁判官の定員は決まっていますので，修習生のなかで事実上の選別が行われることになります。一般には司法試験の成績，司法研修所や実務修習での成績が重視されるといわれていますが，研修所や実務修習の裁判担当教官（最近では，法科大学院の裁判官教員）が，見込みのある人にいわゆる「肩たたき」をするようです（逆に，望ましくない人が裁判官を志望するときは「逆肩たたき」がされるともいいます）。

　最近は，弁護士として一定の経験を経た人のなかから裁判官を採用するというように，部分的に法曹一元を実現するような試みも行われています（**弁護士任官**といいます）。これは，弁護士としての経験を裁判に反映するとともに，合議の多様性を図る試みでもあります。将来的な裁判官の養成のあり方については，司法制度改革のなかで方向が示されました。それは，**法曹一元制**は採用しないものの，裁判官の給源の多様化を図るというものです。具体的には，弁護士出身の裁判官（弁護士任官者）の数を徐々に増やす一方，判事補の段階で，できるだけ他の職種（弁護士・検察官などのほか，企業法務部や官公庁などを含みます）の経験をさせようということです。これによって，若いうちに多様な経験を積んだ裁判官が増え，一定の割合で弁護士出身者もいて，多様な物の

見方に基づいて裁判がされていくことが期待されます。

🏛法曹一元の難点◆転職は難しい？◆

　　　現在のように，弁護士任官を増やして部分的な法曹一元を拡大していくためには，いくつかの困難な問題点をクリアする必要があります。弁護士から裁判官になる際に収入が大幅に減少するという問題や裁判官を辞めて弁護士に復帰する際の事務所の受け入れ態勢の問題などさまざまな問題点がありますが，最大の課題はやはり，裁判官になってほしい人をいかに見つけ出し，実際になってもらうかという人材のリクルートの問題でしょう。裁判所のほうで，この人をぜひ受け入れたいというような人は，弁護士の世界でも成功している人でしょうから，社会的にも職業的にも重要な地位に立っており，それをなげうつにはよほどの覚悟が要るのが普通です。そのような決断を可能にし，法曹一元の方向に向けた望ましい裁判官のあり方を実現していくためには，裁判所のみならず，弁護士会も含めて，今後大きな努力が必要になってくるでしょう。

❀裁判官のキャリア

　司法修習を終えて裁判官として採用された者は，まず**判事補**となります。これは，一人前の裁判官になる前の見習いともいうべきものです。そして，任官後5年までの判事補は**未特例判事補**とよばれ，判決を1人では下すことができず，単独事件を担当できないといった職務上の制限を受けます（5年を経過すると，**特例判事補**の指名を受け，そのような職務の制限はなくなります）。そのため，普通はまず，華田薫判事補のように，地方裁判所の左陪席裁判官となって，合議体の事件を主任裁判官として担当することになります（そのほか，保全事件・執行事件など訴訟以外の事件を担当することもあります）。裁判長や右陪席裁判官は自分の受持ちの単独事件

を多数抱えているため，左陪席が実質上は合議事件の中心を担いますが，これは若手裁判官を教育する効果もあるとされます。その後は，おおむね3〜4年に1回の転勤を繰り返しながら，10年後には晴れて**判事**に任命されます。判事の任期は10年ですので，以後は10年ごとに再任されていくことになります（ただし，時に，判事への任命や再任の拒絶が社会問題となることがあります。2003年には下級裁判所裁判官指名諮問委員会が設置され，その意見に基づき相当数の裁判官の再任指名が拒否されています）。

　裁判官は，日本全国に多数ある裁判所のどこかで働くことになります。ただ，最高裁判所には最高裁判所判事，簡易裁判所には簡易裁判所判事といって，普通の判事や判事補とは違う特別の資格の裁判官が勤務していますので，キャリア裁判官は地方裁判所，家庭裁判所，高等裁判所を中心に活動することになります。

　未特例の期間を終えた判事補，そして判事は，地裁や家裁の裁判部の右陪席裁判官，さらには**部総括裁判官**となっていき，自らの単独事件を担当するとともに，合議事件にも関与します。また，その間には高裁の陪席裁判官を務めることも多いようです。部総括裁判官は，俗称として部長ともよばれ，部の合議体の事件で裁判長を務めるほか，**司法行政**の面でも，部を統括するなど重要な役割を果たします。

　高裁の事件はすべて合議事件ですが，地裁とは違って左陪席も右陪席もベテラン裁判官ですので，両者が等しく主任裁判官となり，裁判長は合議のまとめ役と司法行政に専念することが多いようです。そして，順調にいけば地裁や家裁の所長，高裁の部総括裁判官などの職務を最後に裁判官は定年退官（65歳）を迎えることになるのです。ただ，トップエリートとなる一部の裁判官は，

高裁の長官，さらには最高裁判事・長官に至りますが，その割合はきわめて小さいものです。

裁判をしない裁判官◆エリート司法行政官◆

　　裁判官の活動の場としては，本文でみたような裁判実務の第一線のほかに，司法行政の任務も重要です。典型的なポストが**最高裁判所の事務総局**で，総務局，人事局，民事局，刑事局などに分かれて，全国の裁判所の人事・予算等を集中的に管理しています。ここでは，若手の裁判官が局付・課付として，中堅の裁判官が参事官や課長として，ベテランの裁判官が局長として，勤務しています。また，行政官ではありませんが，**最高裁判所調査官**の制度があり，中堅・ベテランの脂の乗った裁判官が任命されて最高裁判事の裁判職務を補助しています。このほか，高裁の事務部門の長である事務局長も裁判官が務めますし，地裁や家裁の所長，さらに高裁の長官は裁判所の中心的な司法行政職で，引退前の裁判官の最高ポストとなっています。また，裁判官が検事に任命されて活動することもあり，このような人事交流を「**判検交流**」などとよびます。たとえば，訟務検事として国家賠償訴訟などで国側の代理人となることもありますし，法務省の官僚として法案作成・法務行政事務に携わることもあります。

　　いずれにしても，これらの行政職，つまり「裁判をしない裁判官」は，裁判官が世間知らずの独善に陥ることを防ぐ意味があるといえますが，裁判官にとっては，一種のエリートコースないし出世コースと捉えられる面もあるようです。

❋裁判部

　多くの裁判所は，複数の**裁判部**に分かれています。大きくは民事部と刑事部とに分かれていて，そのそれぞれがさらに第一部から番号で区分されています（この事件の担当裁判部は，第三民事部と

いうことです）。裁判所が受理した事件は，その種類に関係なく，各裁判部に順番に担当させる（配点といいます）のが原則ですが，大規模な裁判所では，一定の種類の事件しか取り扱わないような**専門部**が置かれることがあります。たとえば，東京地裁などでは，民事執行の事件を専門に扱う執行部（民事執行センター），破産や民事再生の事件を扱う倒産部，商事事件を専門に扱う商事部，仮差押えや仮処分など民事保全の事件を専門に扱う保全部，労働事件を専門に扱う労働部，特許事件や著作権事件等を専門に扱う知的財産権部などが専門部として置かれています（2022年には，東京地裁の商事部や倒産部，知的財産権部，商事部等ビジネスに関係が深い専門部を集めて，中目黒にビジネス・コートが創設されている）。これらの専門部はその種類の事件しか扱わないため，その判断は必然的に専門化していきますので，専門部をもっていない他の小規模な裁判所における同種の事件の処理にも，実際上大きな影響を与えるといわれます。同様のシステムとして，他の事件も取り扱うが，その裁判所のその種の事件をすべて取り扱うという**集中部**が置かれることがあります。やはり東京地裁などでは，医療関係事件を集中的に扱う医療集中部や建築関係事件を集中的に扱う建築集中部などがあります。

　専門部や集中部が作られると，裁判官や裁判所書記官など専門部・集中部を構成する人も専門化しますが，裁判官には，前にふれたような定期的な人事異動があるため，せっかく専門知識を吸収しても，通常部に戻ると宝の持ち腐れになってしまうことも少なくありません。今後，ますます社会の専門化が進んでくれば，弁護士については分業化・専門化が進展するのは必至だと思われますので，裁判所の側でも専門家を育成していくことが急務とな

るでしょう。その場合には，キャリア裁判官のシステムを前提とする以上，人事のやり方に配慮する必要もあると思われます（このあたりは，企業におけるスペシャリストの養成と同じ問題がありましょう）。人事の方法として，地裁に専門部を置いて裁判官をそこに固定してしまうのは，専門化という面からは効果的ですが，専門家（スペシャリスト）のステップアップの道を閉ざす結果となり，適当ではありません。むしろ専門性を発揮できるような部署をより多くしていくような方法，たとえば高裁にも専門部・集中部を設けたり，専門的な最高裁調査官のポストを用意するなどの工夫をしていく必要があるでしょう。

㊎的財産権事件と裁判官の専門化―――――――――

　　本文に書いたような意味では，知的財産権関係は，裁判官の専門化に成功している分野であるようにみえます。特許権，著作権などに関する事件は，工業技術などを理解する必要があり，またその法制度もやや特殊な専門性の高い事件類型です。その点で，特許庁などから**裁判所調査官**という形で職員が出向してきて，裁判官の判断を補助するシステムがとられていますし，1996 年制定の民事訴訟法で管轄を東京・大阪の両地裁に集中することができるようになりました。そして，東京・大阪両地裁に知的財産権専門部が設けられており（東京地裁は従来は 1カ部でしたが，1999 年には 3 カ部，現在は 4 カ部に増やされています），専門の最高裁判所調査官のポストもあるようです。さらに，2004 年には，**知的財産高等裁判所**を創設する法律が成立しました。これによって，東京高裁の支部として，知財高裁が設けられ，知的財産関係の控訴事件を集中的に取り扱っています。この結果，知財分野の専門家裁判官も，地裁の陪席，高裁の陪席，最高裁調査官，地裁部総括，高裁部総括，知財高裁所長といったポストを経めぐることによって，専門性を失わずに能力を発揮していくことができます。このようなシステムの

構築は，やはり専門性の要求される家事，執行，倒産などの分野にも期待されるところです。

✿退官後の裁判官

裁判官には定年があり，高裁，地裁，家裁の裁判官は，法律により65歳で退官することになっています（最高裁と簡裁の裁判官の定年は70歳です）。この年齢まで働けば，後は悠々自適に年金生活に入ればよいようにも思えますが，そこは日本人の性，やはり第2の人生での活躍を求めるのが普通です。

裁判所は国家機関の一種であり，裁判官も広い意味での官僚ですから，当然「天下り」が考えられるわけですが，残念ながら裁判所には監督業界というものがないため，原則として天下りの道はありません。ただ，それにやや類似する現象として，公正証書（遺言や執行証書など）を作成する**公証人**や，普通の裁判官よりも定年が5年長い簡裁判事など，裁判所のいわば外郭的な職務に定年前後の裁判官が転出するケースは少なくありません。

また，最もよくあるパターンとしては，裁判官を退官した後に弁護士として事務所を開くことがあります。ただ，いままでの職業裁判官の仕事と新たな自営業者としての弁護士の仕事とでは相当に性質が違うので，子供や娘婿の事務所に入ったり，裁判官としての専門分野を活かして大規模事務所に入ったりしますが，何らかのセールスポイントがないと，弁護士としての成功はなかなか至難の道のようです。さらに，最近では，大学教授（とくに法科大学院の教授）に「華麗なる転身」を遂げる元裁判官も増えています。

一般論としましては，シルバーパワーの活用は高齢社会の趨勢

でありますので，このような職務権限を伴わない「天下り」は歓迎できますし，さらにアメリカ流のシニアジャッジ制やイギリス流のパートタイム裁判官など，裁判官引退者の経験を裁判自体に活用していく制度や仲裁など ADR に活用していく仕組みも今後考えられてよいでしょう。ただ，公証人など独立の職種については（大学教授も?），その職種の活性化のためには，むしろ現在のように，事実上推薦だけで決まるような形ではなく，試験の活用など，任命制度をよりオープンなものにして，生涯職業化を図っていくべきようにも思われます。

🔳身裁判官の感想

　　最近は，裁判官を退官した人が弁護士や学者に転身して，自らの感想を述べることが増えてきているようです。このような感想が公にされることは，たいへん貴重なことと思われます。といいますのは，裁判官が弁護士や学者について意見を言ったり，逆に弁護士や学者が裁判官に関する意見を言ったりするときに，やはり相手の職業について十分な認識がないと，しばしば誤解に基づくものになりがちだからです。この点で，両方の職業をフルタイムで経験した人の発言には，やはり重み・含蓄があります。その意味で，弁護士から裁判官に転職した人の話（これについては，自由と正義 48 巻 7 号の特集を見てください）や元裁判官の談話は裁判を考える貴重な資料を提供してくれます。裁判官から弁護士になった際の視点の相違について感想を著したものとして，例えば，奈良次郎「裁判所の立場と訴訟代理人・弁護士の立場との相違について（上）（下）」（判例時報 1592 号・1593 号）はたいへん興味深く，ほかの多くの元裁判官にも，このような感想を著してもらいたいものです。

【**重要な条文**】裁判官の種類（裁判所法 5 条），判事の任命資格（同法 42 条），判事補の任命資格（同法 43 条），特例判事補（判事補の職権の特例等に関する法律 1 条），下級裁判所裁判官の任期・報酬等（憲法 80 条），裁判官の定年（裁判所法 50 条），裁判所調査官（同法 57 条），裁判所事務局長（同法 59 条），司法行政（同法 80 条・81 条），裁判の評議（同法 75 条・76 条），評決（同法 77 条），公証人の任命（公証人法 13 条・13 条ノ 2），知的財産高等裁判所の設置（知的財産高等裁判所設置法 2 条）

🐾 もっと勉強したい人のために──

兼子一 = 竹下守夫『裁判法〔第 4 版〕』（有斐閣，1999 年）…裁判法の標準的な体系書。

市川正人ほか『現代の裁判〔第 8 版〕』（有斐閣，2022 年）…裁判法の簡単な概説書。

14 判決の言渡し

●正義はついに勝つ…かな？●

　今日は，ついに待ちに待った判決言渡しの期日が開かれる日であった。2021年3月15日に最終の口頭弁論期日というのが開かれ，原告被告双方の最終準備書面が提出されて，弁論が終結した。ただ，この日はやっぱり例の「儀式」で，実際には何も行われず，判決言渡しの期日が2週間後に指定されただけであった。秀山先生の話によると，判決言渡しの期日は行ってみても，実際に判決全文を読み上げるわけでもないし，どうせ後で書記官室で判決書を受け取らなければいけないので，出ていく意味はない，ということであった。しかし，私にしてみれば，いわば人生を賭けた戦いの決着がつけられる場面である。とうてい家で安穏と待っている気持ちにはなれなかった。そこで，今日は秀山先生ぬきで，1人だけで法廷に来てみたのである。

　期日は午後1時10分に指定されていたが，法廷の前の期日表を見ると，同じ時間に10件ほどの判決言渡しが指定されている。午前中の仕事が詰まっていたので，それを終わらせてからきてみると，予定の時間ギリギリになったので，さぞや傍聴席は満員かと思ってあわてて入ったが，なかには弁護士が1人新聞を読んで開廷を待っているだけで，拍子抜けがした。

　時間ぴったりに3人の裁判官が入ってきた。例によってと

208

くに挨拶もなく，書記官が事件番号を呼び上げ，事件記録を裁判長に手渡す。裁判長は，「主文，被告は原告に対し，金100万円およびこれに対する平成30年5月1日から支払済みまで年3分の割合による金員を支払え。原告のその余の請求を棄却する。訴訟費用はこれを2分し，その一を被告の負担とし，その余を原告の負担とする」などと読み上げると，その記録を書記官に返している。やはり判決の理由は読まれないらしい。

　そのようにして，次々と判決が言い渡されていったが，私の番はなかなか来ない。いらいらして待っていると，ついに書記官が「令和2年（ワ）第108号事件」と呼ぶ声が聞こえた。私は思わず腰を浮かしたが，裁判長はそのまま記録を受け取り，淡々と判決を読み上げた。

　「主文，原告の請求を棄却する。訴訟費用は原告の負担とする」

　私はとっさにその意味がわからなかったが，次の瞬間には思わず両手を挙げて「バンザイ」と大声で叫んでしまった。裁判長が「傍聴人は静粛に」と注意するのもほとんど耳に入らず，涙でかすんだ視界の端には微笑む華田薫判事補の顔が見えた。

　その後も淡々と続く他の事件の判決言渡しのなか，私の頭の中ではぼんやりと，この事件が起こってから2年間にあったさまざまな出来事が走馬灯のように浮かんでは消えていった。訴状が送られてきたときの驚き，法律扶助が受けられず弁護士が見つからなかったときの焦り，弁論準備期日で初めて言いたいことが言えたときの喜び，和解期日で相手の話が終わるのを廊下で待っていたときの不安，証拠調べ期日が終

わったときのやるだけのことはやったという清々しさ…。しかし，いまはそのすべてが吹き飛んで，何か真っ白な気持ちになっていた。

　判決の言渡しがすべて終了し，他の事件の口頭弁論が始まった法廷を後にして，しばらく時間をつぶした後に，私は第三民事部の書記官室で法廷から戻った書記官から判決書を受け取った。主文の後，事実の概要，争点，理由と順番に一通り読んではみたが，やはり内容はよくわからなかった。午後４時になると，約束どおり，秀山先生の法律事務所を訪れた。

　「いや，本当にすべて先生のお陰です。もう何と言ってお礼を申し上げればよいのやら…」

　「いやいや，そんなことはありません。平さんが頑張った結果ですよ。でも，私も率直に言ってここまで完全に勝てるとは思っていませんでした。判決はこちらの言い分をほとんど完全に認めてくれていますからね」

　「といいますと」

　「まず，原告側の土地の自己使用の必要ですが，金田金造の老後の生活のためという点は，金造の現在の年金額や預金・利息収入等を考えれば，賃貸マンション建築には必要性が乏しいとしていますし，金田金一の診療所の開設についても，金一は従来病院の勤務医として十分な生活を保障されていたのに，自らの責めに帰すべき行為でその職を失ったのであるから，新規開業の必要という事情を強く考慮すべきではないと判断しています。それから，その他の正当事由として，一戸建てからマンションに建て替えることによる土地の高度利用という点ですが，このような事情が私人間の紛争において考慮すべき要素であるか自体，かなり疑わしいとしたうえ

で，少なくとも本件土地の所在地域においては，それほどの高度利用の必要性は見いだしがたいとしています。また，平さんのほうの利用の必要については，被告はすでに20年以上にわたり本件土地に居住し続けてきており，他の地域に転居を求めることは酷であるし，また同じ地域に同様の広さの土地を入手するには莫大な資金を要し，これを立退料として原告の負担とすることは原告の合理的な意思を超えることになるとして，結局立退料付きの請求認容ではなくて，請求を棄却する判決に至っているわけです」

「なるほど，そういうことですか。それなら，本当にこちら側の言い分を全部認めてくれたというわけですね」

「私自身もここまで完全に勝てるとは，本当のところ，思っていませんでした。とくに，和解のときは，平さんにはああいうふうに言いましたが，華田判事補の口ぶりからみて，立退料での調整を判決でも考えているのかな，という気がやはりしていましたから…」

「とにかく，これでこの2年間の胸のつかえがすっかり降りたようです。それで，先生にお礼をと思うのですが，いかほど用意すればよろしいものでしょうか…」

「いやいや，安心されるのはまだ早いですよ。この判決はまだ一審の判決にすぎませんからね。相手方がこの判決に不服であれば，当然控訴をしてくることを考えておく必要がありますし，さらには上告ということもありえます」

「控訴…ですかい」

「そうです。判決に不服のある当事者はすべて控訴をする権利をもっています。そして，控訴審の判決についても，やはり不服のある当事者はさらに最高裁判所に対して上告がで

きます。ただ，この点は今は若干制限されていて，重要な法的問題を扱う場合に限られますので，この事件では上告は受理されないかもしれませんがね…」

「金田の野郎が控訴してくるとすれば，どこの裁判所で争うことになるんですかい」

「東京高等裁判所です」

「ええ…，じゃあ，東京くんだりまで出ていかなきゃいかんのですか」

「もちろん一審と同じで，たいがいは私のほうが行けば足りますけどね…」

「それは，またご迷惑をおかけしますね」

「まあ，いまの段階では相手がどう出てくるか，わかりませんから…。控訴をする場合には，判決の送達から２週間以内に申立てをしなければいけないことになっていますから，少なくとも来月の半ばには，はっきりしたことがわかるでしょう。その頃にまたお会いして今後のことを話し合いましょう」

というようなことで，私は，裁判所を出たときの高揚した気分にやや水を掛けられた感じで，少し不安な気持ちになって秀山法律事務所を後にすることになった。しかし，よく考えてみれば，秀山先生の言うとおり，相手のあることなのだから，いまからくよくよしていてもしようがない，とにかく今日は勝ったんだから，と気を取り直して，この日は女房と一緒に生まれて初めてフランス料理とやらを食ってワインを２本空けて帰ったのであった。

判　決
── 過去の清算か，将来への出発点か ──

❀判決の言渡し

　争点整理が行われ，それに基づく証拠調べが終了すると，事件は判決に熟した状態になります。そこで裁判所は，その証拠調べの期日または別途指定した最終の口頭弁論期日において，口頭弁論を終結することになります。

　口頭弁論の終結は，後に述べる判決の効力との関係でも重要な意味をもっています（そこで，口頭弁論終結の日は必ず判決に記載しなければいけない事項とされています）。そのようにして弁論を終結した後は，原則として新しい主張や証拠の提出は認められないからです。つまり，そこで審理に一応の区切りが付けられるわけです。複雑な事件の最終口頭弁論期日では，両方の当事者から，従来の主張を要約し，証拠調べの結果について意見を述べるような最終準備書面が提出されることも多いようです。そして，最終口頭弁論期日で判決言渡しの期日が指定されます。

　一般に判決言渡期日は当事者の出頭が予定されていませんので，当事者（代理人）の都合を聴かずに指定されることが多いようです。ただ，複雑困難な事件で，裁判所にも判決作成の見込みがたっていないようなときは，判決言渡期日を「追って指定」として，判決が書けたところで，指定することもあるようです。なお，口頭弁論終結後に新たな証拠が見つかったような例外的な場合には，口頭弁論を再開し，さらに審理を続けることもあります。

　判決の言渡しは，口頭弁論の終結から２カ月以内にするのが原則とされています。以前の法律が２週間以内に言い渡すこととし

ていたのを，実情に合わないとして修正したものです。前に書いたように，言渡期日を「追って指定」とすることもありますが，そのために，判決書の作成が長引き，言渡期日が半年，1年，と後ろ倒しになっていく場合があるという批判もあります。

判決書の作成は，単独体の裁判所であれば，もちろん担当した裁判官自身が行うことになりますが，合議体の場合は事件を中心になって担当した裁判官（主任裁判官）がまず起案をします。主任裁判官は，左陪席裁判官が務めることが多いですが，主任裁判官の起案した判決案は，合議体の他の裁判官により回覧され，手が加えられ，必要があれば再度合議を行ったりしながら，最終的な判決書が作成されていきます。

判決書は，IT化の下では，やはり電磁的記録として作成されます（法律では，電子判決書とよばれます）。電子判決書は言渡しの前に作成しておき，それに基づいて判決を言い渡すのが原則です。ただ，欠席判決や少額訴訟の判決などでは，口頭弁論終結後直ちに，判決書を作成せずに判決を言い渡して，書記官の作成した口頭弁論期日の電子調書を電子判決書に代えることも認められています（これを**調書判決**とよびます）。

判決言渡期日に出頭する当事者や代理人はほとんどいないのですが，判決の言渡しは必ず公開法廷でしなければなりません（憲法82条1項でわざわざ決められている大原則です）。結局は，平凡吉が目撃したように，口頭弁論が始まる前などに，無人の法廷で裁判官が判決主文を順次朗読していくことになりますが，このような作業を（やや自嘲を込めて）俗に「壁読み」ともいうようです。

❧判決書

　判決書の書き方は，以前は，当事者の主張する事実について法を適用するのに必要な事実（**要件事実**とも**主要事実**ともいいます）を証明責任の所在に従って整理する**事実欄**と，判決主文に至る裁判所の判断をやはり要件事実や証明責任に配慮しながらまとめる**理由欄**とに分けて書くのが普通でした。しかし，事実欄と理由欄との間には記述の重複も多くあり，判決文がどうしても冗長になる傾向がありました。また，時間的な事実経過とは無関係に主張の整理がされるため，最初から読んでみても事件全体の流れがわかりにくいこともたしかでした。

　そこで，このような判決の書き方についての実務を改革し，当事者からみて，よりわかりやすい判決文をめざして，1980年代の末ころから，いわゆる**新様式判決**の運動が行われたのです（新たな形式との対比で，上に述べたような従来型の判決は旧様式判決とよばれます）。これは，当事者間であまり争いのない事実を事実の概要という形で時間的経過に沿ってわかりやすく整理する点，従来は事実欄を一覧しても，どの事実が争いになっているのかが必ずしも明白でなかったのを，争点という欄を設けて，当事者間に争いがある事実を一目瞭然にする点，それに応じて，理由の欄は，事実の概要との重複を避けて簡潔にしながら，争点に応じた部分はより充実した記載とする点などに，その特徴があります。新様式判決はその後急速に普及し，現在では，ほとんどの判決がこの方式によって作成されているようです。

　一般にも新様式判決は好評であり，また，争点を中心としたわかりやすい手続をめざす民事訴訟法の理念にもかなうものといえましょう。ただ，要件事実や証明責任などに配慮しなくても判決

が書けるため，審理が粗雑になりやすいとの苦言もなくはなく，あくまで適切な争点整理など審理の充実と一体となって初めて評価されるべきものでしょう。

> **逆さまのハンコ◆合議の秘密と裁判官の反乱◆**
>
> 判決書には，従来，判決に関与した裁判官が署名押印することになっていました。合議体の判決の場合は，裁判官全員が署名押印するわけです。ところが，合議体の場合は，最終的には多数決で判決の内容が決まるため，場合によっては自己の意に沿わない判決が出ることもありえます。このような場合にも，合議の秘密により，各裁判官は自分がその判決に反対であったことを公式に表明することは許されていません。ただ，非公式な反対表明の方法として，判決に押印するときにハンコを逆さまに押すことがあるとも言われました（真偽のほどはわかりません）。電子判決書では，当然，押印はなく，このような「反乱」の意思表示もできなくなります。将来的には，下級審の裁判官にも，最高裁判所と同じように，少数意見の表明を公式に認める制度が問題になってくるかもしれません。

❄判決の種類

原告の請求に対する**終局判決**としては，原則として次の3つの種類のものがあります（請求自体ではなく，中間的な紛争に関する裁判所の判断を示す**中間判決**というものも別にあります）。

まず，原告の請求について，訴訟要件が欠けていることを理由とする**訴え却下**の判決です。新聞などでは，門前払いの判決などとよくよばれる類型です。請求（訴訟物）についての判断（これを，却下判決に対して本案判決とよびます）をするためには，訴訟要件が存在していなくてはなりません。**訴訟要件**として問題になるものとして，その事件について日本の裁判所が司法権を行使できるか

という**裁判権**の問題，その当事者が事件を追行する十分な資格をもっているかという**当事者適格**の問題，その事件について本案判決をするだけの必要性があるかという**訴えの利益**の問題などがありますが，これらの訴訟要件を欠くときは，請求の存否についての内容の判断に入ることはできず，その手前で訴訟を終了してしまうわけです。ただ，この判決は請求の当否について定めるわけではありませんので，欠けているとされた訴訟要件が却下判決後に備わったときは，原告は再び訴えを提起することができることになります。

　訴訟要件が認められ，**本案判決**をする場合には，原告の請求を認める場合の**請求認容**の判決と，原告の請求を認めない場合の**請求棄却**の判決の２つがあります。このほか，両者の中間として，原告の請求の一部を認め，一部を認めない場合には，一部認容（一部棄却）判決がなされます。

　このほか，判決のなかでは，請求に関する判断に加えて，訴訟費用の負担に関する判断（訴訟費用の問題については，第16章で説明します）や，認容された判決を確定前に仮に強制執行することを認める仮執行宣言の判断もされます。とくに，**仮執行宣言**は，第一審の敗訴判決に対して，被告側が時間稼ぎ・執行逃れのためだけに控訴することを防ぐ有効な手段で，現行法もその効力を強化して，無用の上訴がされることを防止しようとしています。

❈確定した判決の効力

　このようにしてされた第一審の判決に対しては，第15章で詳しく見るように，上訴が可能ですが，上訴がされなかった場合または提起された上訴が斥けられた場合には，判決は**確定**します。

そして，確定した判決には一定の効力が認められています。

まず，その判決が金銭その他の物の給付や被告の行為を命じるような判決である場合には，それに基づいて強制執行を行うことができるという**執行力**が生じます。つまり，判決の内容を被告が自発的に履行しない場合に，原告は裁判所や執行官という国家権力の援助を得て，強制的にその内容を実現することができるのです。そのような強制的な判決内容の実行のことを**強制執行**といいます（これについては，第16章を見てください）。

このような執行力は，判決が確定する前であっても，前にもふれたように，判決自身の中で**仮執行宣言**をしているときには，それに基づいて生じます。実際には，金銭の給付請求など，上級審で仮に取り消されても，原状の回復が比較的容易な事件の場合には，仮執行が認められることが多いようです（これに対して，建物の取壊しなど，原状回復が困難な場合には，仮執行はほとんど認められません）。

判決の効果のなかでも，最も重要なものが**既判力**です。既判力とは，後の訴訟において，前の訴訟の判決で確定された内容とは異なる法律関係をもはや認めることはできず，その内容に反する当事者の主張を許さなくする効果をいいます。簡単に言うと，紛争の蒸し返しの禁止です。たとえば，平凡吉の事件では，請求を棄却する判決により，金田金造が平凡吉に対して土地の明渡しを求めることができないという法律関係が確定しますので，仮に後で再度金田が土地の明渡しを求めてきても，その請求は既判力によって，中身の審理に入らず当然に斥けられることになるわけです。仮に判決にこのような効力が認められないとすれば，一度負けた当事者が何度でもリターンマッチをすることが可能になり，

裁判制度を設けて当事者の法的な利益の保護を図った意義の大半が失われてしまいます。それでは，一生懸命戦って勝った平凡吉のような勝訴当事者にとってはあまりに気の毒ですし，十分に戦う機会をもったうえで敗れた敗訴当事者を過剰に保護する結果になってしまいます。

　このような既判力は，同じ当事者の間でだけ生じるのが原則です。なぜなら，その訴訟で戦う機会をもったのは，その訴訟の当事者だけだからです（自分が知らないところで他人がやったことの結果の影響を受けないというのは，法分野を問わず近代法の大原則です）。ただ，例外的に，当事者の相続人など当事者の法的な地位を全面的に受け継ぐ人には既判力が拡張されますので，たとえば，金田金一が金造を相続しても，やはり明渡しは求められません。また，前の訴訟が終った後に（より正確には前の訴訟の口頭弁論が終結された後に）その訴訟で問題となっていた権利を譲り受けた人も判決の結果に拘束されます。したがって，金造が誰かほかの人にこの土地を売り渡したとしても，凡吉はやはり明渡しに応じる必要はありません。これは，このような譲受人（承継人）との関係でも，勝訴した当事者を保護する必要が大きいからで，譲り受けた第三者は，敗訴した当事者（譲渡人）のほうに売買代金の返還などを求めることになります（なお，訴訟係属中に譲受人が出たときは，訴訟承継の問題となりますが，これについては，第7章を見てください）。

　ただ，既判力は，あくまでも口頭弁論終結時の権利関係を確定するだけですので，その後に新たな事実が発生した場合には，当然その点を主張して新たな訴えを提起することはできます。たとえば，この判決の後に，平凡吉が地代の支払を怠ったようなときには（そんなことをいうとまた凡吉は怒るかもしれませんが），金田は

それを理由に借地契約を解除して、再び土地の明渡しを求めることは当然許されます。

最後に、やや特殊な効力ですが、判決によって既存の法律関係を変動させる**形成力**という効力も認められることがあります。これは、典型的には離婚訴訟などで、その判決の確定によって、従来存在した法律関係（婚姻関係）が終了する効果を発生させるものです。通常は、ある契約を訴訟外で解除し、その解除により契約が終了したという法律効果を訴訟で主張するというように、法律関係の変動自体は訴訟の外で行われ、その効果を訴訟で主張することになります。しかしながら、その法律効果がとくに重要なもので、明確化を図る必要があり、また第三者との関係でも法律関係を統一する必要があるような場合には、とくに法律関係の変動を必ず訴訟により行うこととし、その判決に形成力を生じさせるわけです。形成力が生じるような訴えを**形成訴訟**といい、その判決には第三者との関係でも効力を認めたり、当事者による処分権主義や弁論主義が否定されたり、特別の規制が適用されることが多いのは、そのような事情によります（離婚など人事訴訟のほかに、会社の株主総会の決議の取消訴訟や行政庁のした行政処分の取消訴訟などが形成訴訟とされます）。

> 【重要な条文】既判力の範囲（法114条）、確定判決等の効力が及ぶ者の範囲（法115条）、終局判決（法243条）、判決事項（法246条）、判決の言渡し（法250条・251条・253条・254条、規155条）、電子判決書（法252条、規157条）、仮執行の宣言（法259条・260条）

15 上　訴

●第 2 ラウンドのゴングは鳴るか？●

　一審の判決での勝訴の感激の余韻に浸っていたのもつかの間，2 週間後に秀山先生からかかってきた電話で，やはり金田が控訴を起こしてきたことが知らされた。懲りない野郎だ…と，腹の底が煮えくり返る思いがしたが，新たな戦いに臨む闘志もまたフツフツと沸いてきた。

　明日が控訴審の最初の口頭弁論期日という 5 月 27 日，私は秀山先生の事務所を訪れて，簡単な打ち合わせをした。

　「先生，やっぱり，明日は裁判に行かなくてもいいんですかい」

　「大丈夫ですよ。何といっても東京は遠いですからね…。これから何回期日が入るか，わからないんですから。毎回行っていたら，それこそたいへんですよ。ここいちばんというときには，必ず平さんご自身に出ていただかなければいけないんですから…」

　「そうですかい」

　結局のところ，私は第 1 回の口頭弁論には出席しないことになった。一審までのように，この街で裁判が行われるのではなくて，わざわざ東京まで出かけなければならないのでは，たしかにたいへんだ。それに，一審のときだって，第 1 回の口頭弁論というのは全くの儀式で，まともなことはやらなかった。あんなことのために，わざわざ東京くんだりまで出か

けるのはたしかに馬鹿らしい。しかし，一審の手続には，一応全部出席してきた身としては，自分がいない場所で，自分についての重要なことが決められるというのは，いざとなるとやっぱり不安なものである。

「それで，東京の高裁では，まさか，こっちの言い分が引っくり返される，なんてことはないでしょうねえ」私はいちばん気になっていることを聞いてみた。

「それは，はっきりいってわかりません。何といっても，もとの判決が正しかったかどうかを確かめるために，控訴審をやるわけですからね…。ただ，控訴審の裁判所は，控訴人のほうで，もとの判決のどこがどのように間違っているのか，どういう証拠でそれを立証しようとするのか，ということを，早い段階で明らかにしなければ，すぐに審理を打ち切って控訴を棄却してしまう傾向が一般的に強いようですからね。そういう意味では，こちら側の有利は動かないとは思いますが…」

「ただ，もう1回おんなじことを東京でも繰り返すっていうんじゃあ，ずいぶん時間がかかるんじゃないですかい」

「そうですね…。ただ，証人尋問なんかも，一審で聴いている人を，もう1度高裁でも聴くというのは，滅多にないですからね。平さんに東京に出てもらうとすれば，それは和解の交渉のときでしょうねえ」

「和解って…。前の判決でもういったん白黒がついちまっているのに，このうえ，また仲良くしましょうって言われましてもねえ…」

「まあ，いずれにせよ，当面は相手方の出方を見てみましょう」

ということで，その日は家に帰ってきた。なんだかよくは
わからないが，まあこっちの有利は変わらないということな
ので，少しは安心できた。

　その後，例の口頭弁論という儀式が開かれた後，書面によ
る準備手続だか何とかという手続では，またオンラインで裁
判所と弁護士さんの事務所を結んで手続がされたので，私も
出席することができた。

　そんなわけで，控訴の手続が始まってから数カ月が経ち，
最初の緊張感も徐々に薄れ出したころ，会社のほうに秀山先
生から電話が入り，すぐ事務所に来てほしいということであ
った。いままで勤務中にまで連絡があることはなかったので，
よほど重要な急用とみえた。そこで，私は胸騒ぎを覚えなが
ら，部長に「ちょっと頭が痛いので」とか何とか言い訳をし
て早退の許可をもらい，早速秀山法律事務所に向かった。

　秀山先生は電話中であったが，私の顔を見ると，満面の笑
みを浮かべて手招きし，私に1枚の紙を手渡した。それには，
最初に「控訴取下書」と書かれてあり，その後に，金田と若
井弁護士の名前が書かれてあった。

　私はどういうことか，意味がよくわからないまま，ぼんや
りしていたが，電話を終えた秀山先生は，「いやあ，ついに
やりましたねえ。おめでとうございます」と，笑顔で手を差
し出してくる。私は，その手を握りながら，「ええと…。こ
りゃあ，いったいどういうことなんでしょう」と聞いてみた。

　「いや，今朝裁判所のほうからこれが送られてきましてね。
つまりは，控訴は取り下げられたということですよ」

　「ということは，裁判はチャラになったということですか
い」

「いやいや，そういうことではなくて，一審の判決がそのまま確定するということですよ。つまり，向こうはもう争うのをあきらめたってわけです」

　「じゃあ，われわれが勝ったわけですかい」

　「そのとおりです。平さんは，もうお宅から出ていく必要はないということですよ」

　そこまで言われても，なんだか実感は湧いてこなかった。この２年余り死力を尽くして闘ってきた戦いについに勝ったんだ，と頭の中ではわかったし，こういう場面を何度も何度も想像し，夢にまで見たことすらある。しかし，想像していたのとは違い，勝った喜びの爆発というよりも，なにか全身の力が抜けていくような奇妙な感じを味わった。

　「どうされました」と，少し怪訝そうな顔で秀山先生が尋ねた。

　「いやあ…。なんだか，思ったより，呆気なかったもんで。どうも実感が…」

　「ああ，なるほど。まあ判決で決まると劇的ですが，取下げというのは，なんか拍子抜けがするもんですからね」と頷きながら，「ただ，少しゆっくりされると，徐々に実感が湧いてきますよ」

　「そんなもんなんでしょうかねえ」

　結局，その日は，すぐ後に秀山先生も来客の予定があるということなので，結果だけを聞いてそのまま帰ってきた。実感が湧いてくるまでには，やはり２〜３日かかった。どうも私の精神全体が裁判モードとでもいうような状態になっていたようで，もうこれからは裁判はないんだと思うと，身体が10キロは軽くなったような気がした。目に見えるものがす

べてくっきりとした輪郭に見えたものである。「とにかく訴訟は終わった…。俺は自分の故郷を守り切ったんだ」そう思うと，初めて心の中に薔薇の花が咲いたような幸せな気分になった。

上　訴
──権利保護の充実か，引延しの防止か──

❉上　訴

　第一審の判決が言い渡されると，一応その訴訟についての結果が出たことになりますが，負けた当事者はその判決に対して不服を申し立てることができます。判決に限らず，決定や命令という簡易な裁判に対する不服申立ても含めて，ある審級の裁判所がした裁判について，より上級の裁判所の判断をあおぐことを**上訴**とよびます。したがって，同じ不服申立てでも，審級が変わらないようなもの，たとえば，第3章でふれました支払督促に対する督促異議などは，上訴には含まれません。

　判決に対する上訴としては，**控訴と上告**の2種類があり，原則として3回の審理（三審級）が保障されています（ただ，現在の民事訴訟法のもとでは「原則として」と言いにくくなったことは，後でお話しします）。第一審が地方裁判所の場合，控訴は高等裁判所，上告は最高裁判所に対してなされます。これに対し，第一審が簡易裁判所の場合，控訴は地方裁判所，上告は高等裁判所に対してされることになります（この点は，民事が刑事と異なるところで，刑事裁判では，第一審がどの裁判所でも，必ず控訴は高等裁判所，上告は最

高裁判所に対してされます）。

　他方，判決よりも簡単な裁判である決定や命令については，**抗告**という１種類の上訴しかありません。ただ，これは１回の不服申立てしかできないというわけではなく，簡易裁判所の決定・命令については，地方裁判所に抗告した後，再度高等裁判所に抗告（**再抗告**といいます）ができますので，判決と同様，三審級が保障されています。これに対して，以前は最高裁判所に対してはいっさい抗告ができないと決められていましたので，地裁の決定・命令については，高裁への抗告１回しかできませんでした。しかし，民事保全手続や民事執行手続，倒産手続，家事審判手続など，重要な裁判の多くが決定手続で行われるようになってきますと，そこでの法解釈が最高裁で統一されないのは，たいへん不都合に思われてきました。そこで，1996 年制定の現行民事訴訟法は，新たに**許可抗告**という制度を設け，高裁がその点について判例を統一する必要がある，重要な法律問題が含まれていると判断したようなときには，最高裁への抗告を例外的に許可する道を認めたものです。

🈡本全国でバラバラな法的判断◆占有屋，四国に集まる？◆────────
　　現行民事訴訟法の施行前は，最高裁への抗告はいっさい認められていなかったため，民事執行などに関する重要な法的判断もすべて高裁どまりでした。それがもたらした不都合の典型的な例として，民事執行法上の売却のための保全処分に関する解釈の問題がありました（この制度については，第 16 章を見てください）。簡単にいえば，東京高裁などは比較的簡単に執行妨害者の排除を認めていたのに対して，大阪高裁は債務者との共謀を保全処分の要件とし，高松高裁のある裁判部などは第三者に対する保全処分はいっさい認めないという立場をとっていま

した。しかし，このような状態が続きますと，占有屋は皆四国に集まって執行妨害をするという状況にもなりかねず，日本国内で法律の適用が区々であるということは，法の下の平等の観点からも大きな問題となっていました。その意味で，決定事件にも判例統一の道を開いた許可抗告の制度は，現行法による改正事項の中でもたいへん重要なものといえるのです。実際に許可抗告は相当の機能を果たしており，インターネットの投稿記事について自己のプライバシーに属する事実に関する検索結果の削除を求める仮処分で，許可抗告が認められて，最高裁がいわゆる「忘れられる権利」に関連して最終判断を下した事案などが記憶に新しいところです。

　次に，上訴とは異なりますが，やや特殊な不服の申立方法があります。1つは，**特別上告・特別抗告**というものです。これは，もはや不服申立ての方法が尽きて，本来ならば上訴ができないような裁判についても，最高裁判所の**憲法判断**をあおぐために，憲法問題に限って上告・抗告を特別に認めたものです。憲法81条で，憲法問題については最高裁が必ず最終判断をするとされていますので，そのような最高裁の憲法判断の機会を保障するために，戦後導入された制度です。

　もう1つは，**再審**の制度です。これは，すでに確定してしまった裁判について，きわめて重大な欠陥がある場合に限って，例外的に判決の再審査・取消しを認めるものです。刑事の再審は誤判や冤罪との関係で有名ですが，民事の場合には，刑事よりも再審事由が限定されており，新しい有力証拠が発見されたというだけでは再審は認められません。証拠の偽造や偽証があったり，訴訟代理人に代理権がなかったりといった，ごくごく例外的な場合にだけ認められます。確定判決の安定を重視したものです。実際に

は，訴状等の送達がきちんとされずに，被告が訴えの提起を知らなかったというようなケースに再審が申し立てられることが多いようです。

☀ 控　訴

　第一審の判決に対しては，**控訴**ができます。控訴がされると，判決は確定しませんので，確定判決の効力は生じません。ただ，第14章で見たように，元の判決に仮執行宣言が付けられていますと，控訴がされても，第一審判決に基づいて強制執行をすることができます。なお，控訴審裁判所は**仮執行の停止**を命じることができますが，現行の民事訴訟法は第一審判決を重視するという立場から，仮執行の停止の要件を厳しくして，停止を認めにくくしています。

　控訴は，電子判決書の送達から2週間以内に，第一審裁判所に対してしなければなりません。控訴状には控訴の理由を記載する必要はなく，ただ判決の取消しを求めると書いておけば足りますが，現行法では，控訴の提起後50日以内に，**控訴理由書**を裁判所に提出しなければならないとされています。また，裁判長は当事者が主張や証拠を提出できる期間を定めることができ，当事者がこの期間内に主張や証拠を提出せずに，その後に出すときは，なぜ期間内に出せなかったのかを説明しなければなりません（**提出期間の裁定**の制度）。このように，現行法は，控訴審でも，充実した迅速な審理が行われるように，さまざまな配慮をしています。

　控訴審では第一審の延長線上で審理・判決がされます（これを**続審主義**といいます）。つまり，控訴審の裁判所は，第一審で提出された主張や証拠と，控訴審で提出されたそれらとを総合して，

原告の請求が認められるかどうかを判断するわけです。控訴審の
やり方としては，ほかに，第一審でしたことは無視して全く一か
ら審理をやり直してしまう方法（**覆審主義**といいます）や，新たな
資料は付け加えずに，第一審の資料だけから第一審判決の正しさ
を検証する方法（**事後審主義**といいます）などもありますが，民事
訴訟法は続審主義を採用したものです（ちなみに，刑事訴訟の控訴
審は事後審主義によっています）。

　続審主義は，第一審での資料も利用できて効率的なうえ，控訴
審でも新たな主張や立証ができるので，当事者の満足も得られや
すいのですが，他方で，当事者はどうしても「控訴審があるから
いいや」と思ってしまい，第一審では攻撃防御に熱心になれない
という弊害を生じがちです。そこで，現行法は，前に説明したよ
うな控訴理由書や提出期間の裁定の制度を設けましたが，実務の
運用もこの点では厳しいものになってきたようです。秀山弁護士
も説明していましたように，控訴審で証拠調べなどの実質的な審
理を行ってもらうためには，控訴人は，第一審の判決が不当であ
ることを，控訴状や控訴理由書でかなりしっかりと説明しなけれ
ばならず，十分な説明ができない場合には，第1回の口頭弁論期
日で審理が打ち切られてしまうことも多いといいます（「**1回結
審**」などといいます）。また，第一審で尋問された証人について，
控訴審で再度の尋問を求めても，認められる場合は少ないようで
す。そのような意味で，控訴審の実務は事後審的な運用に傾いて
いるといえます。

　控訴審の判決は，控訴人の控訴に応える形でされます。つまり，
控訴に理由がなければ**控訴棄却**という結論になりますし，控訴に
理由があれば（つまり，元の判決が間違っていれば）第一審判決を取

り消すことになります。第一審判決を取り消した場合には，控訴審が原告のもともとの訴えに応じて，請求の認容・棄却などの判決をする（**自判**する）のが原則です。ただ，さらに審理の必要があると控訴審裁判所が考えるときには，例外的に事件を第一審に差し戻すこともできます。自判をする場合は，控訴人を第一審判決よりも不利に扱うことはできません（**不利益変更禁止の原則**といいます）。それが許されると，控訴人は控訴をしなかったほうがまだましだったということになり，安心して控訴をできなくなってしまうからです。これは，裁判所が当事者の申し立てない事項につき判決できないこと（処分権主義）の上訴審における適用とされています。ただ，控訴された側が自分の有利にもとの判決を変えるように求めることは認められています（**付帯控訴**といいます）。控訴審で守備側に回る被控訴人にも反撃の機会を与えることが公平と考えられるからです。

　なお，判決に至る前に，訴えを取り下げたり，和解をしたりできるのは，第一審の場合と同じです。また，平凡吉のケースのように，控訴人が控訴を取り下げることもできますが，この場合には第一審判決がそのまま確定します。ですから，訴えの取下げの場合とは違って，相手方の同意は必要でなく，いきなり取下書が被控訴人に送られてくるというわけです。

❁上　告

　控訴審の判決に対して不服のある当事者は，さらに上告をすることができます。ただ，事実の認定が正しいかどうかは，上告審の審理の対象にはならず，**上告理由**は，法令の解釈適用の誤りなど法律が定める一定のものに限られています（そのため，上告審は

法律審ともよばれます）。上告人は，上告理由書を上告提起後50日以内に提出しなければならず，上告審はそれに基づいて審理・判決をすることになります。

上告審の審理の対象は法律問題ですので，原則として口頭弁論は開かれず，書面審理になります。ただ，控訴審の判決を破棄する場合には，必ず口頭弁論を開かなければならないことになっていますので，上告審で口頭弁論が開かれると，マスコミなども破棄判決を予測するというわけです。

上告審が最高裁判所の場合には，事件を担当する**最高裁判所調査官**がいままでの判例や学説などを調べ，それをもとに担当裁判官（裁判長）が判決案を書き，**小法廷**（裁判官5人）または**大法廷**（裁判官15人）の合議にかけて最終的な判決とします（通常は小法廷で審理しますが，新たな憲法問題の判断や判例変更をするような場合には事件が大法廷に回されます）。判決は，控訴審の場合と同様，上告を理由なしとする上告棄却判決と上告を認容する原判決破棄の判決とがありますが，原判決を破棄した場合は，上告審は事実認定をしませんので，さらに事実の審理が必要な場合には，原則として事件を原審に差し戻すことになります。

⚫議が漏れた!?◆愛媛靖国訴訟の違憲判断◆

靖国神社に対する玉串料の納付などの愛媛県知事の行為が憲法違反であるとして提起された住民訴訟で，1997年4月，最高裁判所大法廷は憲法違反の判決を下しました。ところが，判決が言い渡される3カ月ほど前に，新聞紙上でこの判決の内容を暴露するような報道があり，漏洩した犯人の捜索などで裁判所部内が一時大騒ぎになったことがありました。ことの真相は結局明らかにはなりませんでしたが，政治的にも重要な問題を含む最高裁判決の合議に際して，個々の判事の思惑や激しい取

　最高裁判所に対する上告について，最高裁の負担軽減のために，1996年制定の現行民事訴訟法は，判例違反など法令の解釈に関する重要な事項を含む場合にだけ上告を認める**上告受理**の制度を新たに導入しました。最高裁の負担過重はきわめて深刻な状態に至っており，旧法の時代には，重要な法律判断を含み，公式の判例集に登載されるような判決については，上告後4～5年を経てようやく判決が出されることも決して稀ではありませんでした（小泉純一郎元首相がそのような事態を評して「思い出の事件を裁く最高裁」という川柳を引用したことは有名です）。しかし，そのような事態は，上告当事者の迅速な救済という観点からはもとより，**判例の統一**という最高裁のもう1つの任務からみても決して望ましくないことは明らかでした。

　そこで，現行法は新たに上告受理の制度を設けたわけですが，これによって，法的な重要性が認められない事件については，上告を受理しないという決定を最高裁がすることで，内容の審理にはいっさい立ち入らずに簡易迅速に事件を処理できることになりました。この結果，最高裁判所は，前に説明した許可抗告の制度を加えて，判例の統一や**判例法**の創設という，その本来の重要な任務に，より集中して取り組んでいくことが期待されているのです。

【**重要な条文**】控訴期間（法285条），控訴提起の方式（法286条），控訴の取下げ（法292条），続審主義（法298条），攻撃防御方法の提出期間の裁定（法301条），控訴理由書（規182条），不利益変更の禁止（法304条），知的財産高等裁判所（知的財産高等裁判所設置法），上告理由（法312条），上告受理（法318条），許可抗告（法337条），特別上告（法327条），特別抗告（法336条），再審事由（法338条）

16 強 制 執 行

●紙の上の権利から目に見えるお金に●

　2021年10月に金田が控訴を取り下げたことによって，一審の判決は確定し，私の勝訴も最終的に決まったが，その後も，いろいろなことがあった。訴訟を起こしたあげくに負けてしまった金田は，この辺りには住みにくくなり，また金一の新しい診療所を別に作る必要もあったので，自宅を処分して東京に出ていくことにしたようだ。しかし，私の土地については私には全く何の話もなかった。どうしたものかと思いながらも，私のほうは相変わらず地代を供託し続けていたが，ある日突然，第一開発株式会社というところから，新しく地主となったので，以後地代はこちらに支払うように，という通知が来た。私はびっくり仰天したが，よくよく話を聞いてみると，金田は結局，この土地を私という借地人付きで不動産会社に売り飛ばして，その金をもって上京してしまったということらしい。そして，それから3年後に，私，平凡吉はその第一開発から土地を買い受けて，晴れて土地付一戸建ての主になったのである。

　以上のような次第で，金田金造と私はいまでは無関係になったわけであるが，判決が確定したときに，1つ気になっていたことが私にはあった。それは，判決の主文に「訴訟費用は原告の負担とする」という文言があったことである。判決が確定した後，2022年の年明けに私は秀山弁護士を訪れ，

約束の成功報酬を支払うついでに，そのことについて聞いてみた。

「先生。それで，判決にも書いてあったように，先生にお支払いしたお礼を金田の野郎から取り返したいと思っているんですが，いったいどうすりゃあ，いいんでしょうかね」

すると，いままでニコニコしながら話していた秀山先生が急に顔を少し曇らせ，言いにくそうに口を開いた。

「実はですね，この『訴訟費用は原告の負担とする』というときの『訴訟費用』には，弁護士の報酬は含まれていないのですよ。だから，弁護士の費用は各当事者がそれぞれ自己負担するというのが原則なんです」

「ええっ！　それじゃ，この訴訟費用というのは一体全体何なんです」

「それは，いろいろなものが含まれるのですが…。まず，訴えを起こすときに裁判所に納めた手数料，それから鑑定など証拠調べをやったときの費用，そのほか，口頭弁論などの期日に出頭したときの旅費日当や準備書面の作成の費用などがこれに入ります」

「でも，そんな費用は大したことないんじゃないですかい。こう言っちゃあなんですが，裁判をやっていちばんかかるのは弁護士先生へのお礼でしょう。それが勝っても相手から取り返せねえのは少しおかしいんじゃないんですかい」。私は，話の筋がよく見えないまま，少し興奮気味にまくしたてた。

「まあ，そういうふうに思われるのは全く無理もないのですが，日本では訴訟をやるのに必ず弁護士を付けなければいけないという決まりにはなっていないのです。だから，弁護士を付ける人も付けない人もいるわけで，付けた人だけがそ

の報酬を相手方から取れるというのもおかしいですしね，その…。まあ，そんなようなわけで…」

「ふーん，そういうもんですかい…。それじゃあ，とにかく訴訟費用とやらに入るぶんだけでも，金田から取り返すことにしましょうか」

「といっても，この事件では訴訟費用になるものはあまりないと思いますが…。訴えは向こうが起こしたわけで，手数料はそもそも問題にならないですし，鑑定はやらなかったし，証人には全員，旅費日当を放棄してもらっていますからね。そうですね，問題になるのは，当事者が期日に出頭するための費用や準備書面を作成したときの費用，それから書証の写しを作成した費用くらいのもんですよ」

「いやいや，額が少なくてもかまいません。とにかく私はこういうことは全部はっきりとさせておかないと気が済まないたちでして…。金額の問題じゃあないんです」

「なるほど…わかりました。それでは，訴訟費用額の確定の申立てをしておきましょう」

というようなわけで，秀山先生に引き続きお願いして，訴訟費用額とやらいうものの確定をしてもらい，結局15万円分の債務名義とかいう書類を裁判所からとってきてもらったのである。

ところが，この書類は金田のところにも送られているはずなのに，向こうからはうんともすんとも言ってこない。私はついに業を煮やして，秀山先生と相談した結果，またまた裁判所にお願いして，今度は強制執行というのをやってもらうことにしたのである。たしかに金額はわずかのことで，ちょっと大人気ないとも思ったが，やはり問題は金のことではな

く，お上の出した命令を全く無視して，おとぼけを決め込もうとする金田の態度がどうしても許せなかったのである。それで，また秀山先生の事務所を訪ねて，その相談をしなければならなかった。

「裁判所のほうから一応執行文をもらってきましたので，これでいつでも強制執行に入ることができます」と，秀山先生が言ってくれた。

「そうですかい。それでは，さっそくお願いします」

「それじゃ，まず金田さんのどの財産を差し押さえるかを決めなければなりませんねえ。金田さんがどんな財産をおもちか，ご存じですか」

「ええっ，それは裁判所のほうで探してくれるんじゃないんですかい。ほら，よくテレビでやってるじゃないですか，捜索差押えとかいうんでしたか…」

「いやいや，あれは刑事事件の話ですよ。民事で差押えをするには，差し押さえる債権者の側で債務者の財産を具体的に特定して申し立てる必要があるんですよ」

「へえ，そんなふうになってるんですかい。そりゃあ面倒ですねえ…。金田の財産といってもねえ，自宅の土地は処分しちまったみたいだし…。聞くところによると，今度の東京の住みかは借家だってことですし，地所を処分した金はたぶん銀行やらに預けてるんでしょうが，どこの銀行かまではちょっと…」

「そういうことでしたら，とりあえず動産の差押えをやってみましょうか」

「動産っていいますと」

「家の中にある家財道具ですよ。タンスやら，冷蔵庫やら，

テレビやら，そんな物です」

「そんなの差し押さえても，うまく売り飛ばせるんですかい」

「いやいや，どうせこの程度の金額ですから，金田さんのほうも払えないはずはないんですよ。ただ，きっと嫌がらせというか，そういう感情的なことがあって支払わないんでしょうから，家の中に執行官が入ってきてベタベタと差押えの紙でも貼れば，嫌でも自分から払うでしょう。だから，実際に差し押えた物が売れるかどうかは，あまり気にする必要はないですよ」

「なるほど，さすが先生は目のつけどころが違いますねえ」

という次第で，今度は執行官先生というのにお願いして動産執行とやらをやってもらう手はずとなった。すると，さすがに秀山先生の読みどおりで，早速金田から電話がかかってきて「お金を払いたいから，銀行口座を教えてほしい」などと言ってきたので，「そんなしゃれたもんはない。払いたけりゃあ，頭を下げてうちまで持って来やがれ」と気分よく啖呵をきってやった。そして，今日，ついにそのお金を受け取ることができたのである。秀山先生と執行官先生へのお礼を差し引くと結局いくらも残らなかったが，私としてはついに足かけ4年に及んだこの裁判沙汰から解放される記念すべき日となったのである。

本当にいろいろなことがあった。訳のわからないことや絶望したことも何度かあったが，この駄文を読む子孫たちに向けて私が言い残せることは，当たり前のことではあるが，「訴訟とはさみは使いよう」ということだ。裁判を必要以上に怖がることはないが，また裁判にはそれなりにやっぱり手

間とひまとお金がかかる。今度のことは平家開闢以来の大騒動だった。次にわが一族が裁判に巻き込まれるのは100年後，200年後かもしれないから，裁判の仕組みなんかもずいぶん変わっていて，この日記もあまり役には立たないかもしれない。でも，私の密かな予感では，その頃になってもどうも様子はあまり変わっていないかも…。

　まあ，そんな先のことは考えてもしかたがない。今夜は久しぶりに枕を高くして眠ることにしよう。おやすみ。

強 制 執 行
──権利実現のハードルを低く！──

❀訴訟費用の裁判

　判決が確定して，その判決がお金の支払や土地の明渡しを命じているような判決（**給付判決**といいます）ですと，判決の強制執行が問題となります。しかし，その他の判決，たとえば，権利の有無を確認するような判決（所有権確認の判決など**確認判決**）や権利関係を新たに創り出すような判決（離婚判決など**形成判決**），さらにそもそも原告の請求を棄却する判決では，強制執行は問題となりません（判決の効力としては，第14章で説明した既判力や形成力が生じるにとどまります）。

　ただ，請求棄却判決の場合などでも，**訴訟費用**についての裁判が付随的にされていれば，勝訴した当事者は原則として敗訴した者から訴訟費用を回収することができます。したがって，このような場合は，訴訟費用の裁判に基づいて強制執行の可能性が存在

することになるのです。

　ただ，平凡吉も驚いていたように，常識的には最も重要な訴訟
費用と考えられる弁護士報酬は，ここでいう訴訟費用には含まれ
ていませんので，敗訴当事者から取り立てることはできません。
これは，日本では，前にもふれましたように弁護士強制主義がと
られておらず，昔は実際にも弁護士代理があまり多くなかったこ
とに原因があるとみられます（訴訟代理については，第5章を見てく
ださい）。しかし，少なくとも現在では訴訟に弁護士の関与は不
可欠であるといえますし，その費用を相手方から回収できないと，
勝訴当事者の利益が完全に保護されたとはいえないように思われ
ます。もちろん，**弁護士費用の敗訴者負担**の制度を採用するには，
克服すべき技術上の課題が多いことも事実です。たとえば，負担
させる費用額を裁判所が決めることにすると，弁護士の自治を害
する結果になるのではないか，また不当に低額の費用とされるこ
とで弁護士報酬全体の低額化をもたらす結果にならないか，とい
った懸念が弁護士サイドにはあるようですし，敗訴覚悟で訴訟を
起こす「世直し訴訟」の提起が困難になるという心配も（負けた
ら，相手側企業・公共団体等の莫大な弁護士費用を支払わなければなり
ませんので）たしかにありましょう。ただ，勝訴者の法的な利益
を保護するという民事訴訟の目的からすれば，このような懸念を
なるべく払拭しながら，新たな制度を生み出していくために，英
知を集める必要があると思われます。司法制度改革でもこの点が
議論され，最後まで最も大きな争点となったところですが，先に
述べたような懸念が強く主張されて，弁護士費用の敗訴者負担制
度は実現されませんでした。結局，平凡吉のような人は，弁護士
費用の持ち出しになるわけです（ただ，原告の訴え提起が不法行為

になるような例外的な場合には，損害賠償として弁護士費用を敗訴者に請求できることがあります）。

　訴訟費用に含まれるのは，秀山弁護士が説明したようなものに限られ，その額も通常は小さいので，その取立ての手続は利用されることが少ないようです。訴訟費用取立手続の利用が少ない原因については，さらにその手続の繁雑さも指摘されています。そこで，1996年制定の現行民事訴訟法は訴訟費用の取立手続を若干簡素化しました。つまり，旧法では訴訟費用額の確定は裁判所の決定で行われていたものを，現行法は裁判所書記官が行うものに改めたのです。もちろん従来も細かな計算を裁判官自身が行っていたわけではなく，実際には書記官がその事務を担当していたわけですが，これを形式的にも書記官の権限（**訴訟費用額確定処分**といいます）としたことで，手続をより簡易化したものです。

　ただ，この手続が実際に利用されない原因としては，他にも，各費用の項目があまりに細かく決められ（訴訟費用に含まれる項目とその計算方法については，民事訴訟費用等に関する法律に規定があります），また算定が容易ではない点にも原因があるといわれていました。そこで，司法制度改革の中で，さらに簡易化が図られ，費用を実額ではなく概算で求めることを当事者が選択することも可能とされています。

❀強制執行の方法
　強制執行は，裁判所の判決をはじめとする一定の公的な文書（これを**債務名義**とよびます）が存在する場合に初めて開始できるものです。平凡吉が利用した裁判所書記官の訴訟費用額確定処分も，この債務名義に当たります。このほか，代表的な債務名義として

は，確定判決や仮執行宣言付判決，裁判所での和解，支払督促（これについては，第3章を見てください），公証人が作成する**執行証書**などがあります。この最後のものは，唯一，債務の不履行が実際に起こる前に，しかも裁判所には行かないで，あらかじめとっておける債務名義で，消費者信用の場面のほか，離婚等の養育費の支払などの関係でも実際に活用されています。

さて，強制執行をしようとする債権者は，この債務名義に**執行文**を付与してもらう必要があります。これは，債務名義が執行の時になお有効に執行力をもっていることを確認するためのものです。たとえば，仮執行が付いた判決でも，実際に執行をする時には控訴審ですでに取り消されているかもしれませんし，確定した判決ですら，第15章で説明した再審の裁判で取り消されている可能性がゼロではありません。そこで，そういった形で債務名義が効力を失っていないことを実際の執行の前に確かめておく必要があるわけです。裁判所関係の債務名義の執行文は裁判所書記官が付与しますし，公証人が作成する執行証書は公証人が自ら執行文を付けます。そして，このように執行文が付与された債務名義をもつ債権者は，晴れて強制執行を申し立てることができる資格をもつことになります。

強制執行を申し立てる場合，執行方法や執行対象の選択が債権者の決定に委ねられていることは，秀山弁護士が説明しているとおりです。金銭の支払を求める強制執行（これを**金銭執行**とよびます）の方法には大別して，不動産執行，動産執行，債権執行があり，申し立てる債権者がどの方法によるか，そしてどの財産を対象とするかを特定する必要があります。ただ，動産については，このテレビとか，あのたんすとかまで細かく特定する必要はなく

（債務者がどういう動産をもっているかは通常債権者にはわかりませんので），この家の中にある動産といったふうに，動産が所在する場所で特定すれば足りることになっています。

　不動産の場合には，登記がありますので，この特定は比較的容易ですが，債権などは目に見えないものですから，その特定には困難を伴うことが多いようです。債務者の取引の相手方を債権者が探すのは容易なことではありませんし，銀行などは，自分の顧客に関する情報を開示することは信用にも関わりますので，頑強に拒否するはずです（またそうでなければ，安心して銀行にお金を預けることもできません）。しかし，強制執行を実効あるものにするためには，債務者の財産についての何らかの探知・捜索の手段を債権者に与える必要があります。とくに，少額訴訟などで普通の人々が訴訟を利用し，判決を得るようになってきますと，その実現のための執行制度についても何らかの措置をとっておきませんと，判決で勝ってもそれが実現できず，かえって司法制度に対する一般の不信を助長する結果にすらなりかねません。債務者のプライバシーや個人情報の問題はもちろん考えておかなければなりませんが，すでに判決などの債務名義をもっている債権者の立場というものは適切に保護されてしかるべきものでしょう。

　以上のような考慮に基づいて，司法制度改革の結果である2003年の民事執行法の改正により，新たに**財産開示制度**が導入されました。これは，強制執行が功を奏さない債権者の申立てにより，債務者を裁判所に呼び出して行われるものです。財産開示の期日では，債務者は自己の財産について陳述しなければならず，また裁判所や債権者の質問に答えなければなりません。債務者が財産開示期日への出頭を拒否したり，質問への回答を拒否したり，

また虚偽の回答をしたときは，刑罰に処されます。そして，債権者は開示された財産に対して強制執行等を申し立てることになります。また，2004年の民事執行法の改正では，少額訴訟の債権者の便宜をとくに図るため，その債務名義に基づき債権執行をする場合には，簡易裁判所の書記官が執行を担当するという簡易迅速な**少額訴訟債権執行**の制度も設けられています。

🔲任財産のさらなる情報開示をめぐって ────────

　　以上のように，2003年の法改正で財産開示の制度が導入されましたが，その後の制度の運用は十分とは言い難いものです。そもそもあまり債権者から利用されず，また利用がされた場合もそれによって債務者の財産がみつかって強制執行に繋がるのは稀と言われています。もちろん債務者がそもそも十分な財産をもっていない場合も多いわけですが，やはり債務者自身に自分の財産を開示させるという制度の限界もあります。そこで，債務者の財産に関する情報を保有している第三者に情報を開示させるような制度が検討され，2019年の法改正で導入されました。たとえば，金融機関に債務者の口座情報を開示させたり，年金機構や市町村等に債務者の勤務先の情報を開示させたりするような制度です（さらに，財産開示の罰則も強化されました）。このような制度は，個人情報の保護と緊張関係にあり，その範囲や手続には慎重な配慮が必要ですが，機能不全が批判される強制執行の手続に大きな展開をもたらす可能性があるものと言えます（実際，法改正を受けて，財産開示の手続も，従来に比べて10倍以上に急増しています）。

❀不動産執行

　個々の強制執行の方法についても簡単に紹介しておきます。民事執行の花形は何といっても不動産執行でしょう。この日本では

最も価値がある財産が土地であることは，バブルが崩壊して久しい現在でも異論をはさむ余地のないところです。したがって，不動産は，何とかそれを守ろうとする債務者にとっても，そこから債権回収を図ろうとする債権者にとっても，いわば主戦場となるわけです。そこで，不動産執行の手続においては，一方で債務者の貴重な財産を守るために，売却の前の段階でいろいろな準備作業を行う慎重さと，他方で債権者の実効的な債権回収を保障するために，執行妨害行為を排除する果断さとが併せ求められることになります。

不動産執行は，まずその現状を凍結する**差押え**を裁判所が命じ，差押えを登記するところから始まります。この登記がされますと，債務者はその不動産を売ったり，新しく抵当権を付けたりは事実上できなくなります。ただ，不動産の利用は差押え後もできますので，従来どおり債務者はそこに住み続けられます。その後，執行官が不動産を訪れてその現況を調査し，不動産鑑定士（評価人）がその価格を評価します。そして，その評価額に従って不動産の**売却基準価額**を定め，それよりも２割以上安い値段では売らないということが裁判所により決められます。このようにして，債務者や債権者にとって大事な不動産が，状況もよくわからないまま，二束三文で買い叩かれるのを防ごうとしているわけです。

このような準備が整うと，裁判所は，入札についての公告を行うとともに，その不動産の権利関係などを記載した**物件明細書**というものを作り，これを入札希望者に閲覧させます。新聞などに出る広告を見て，特定の不動産の買受けを希望する人は，裁判所に行ってさらにその不動産に関する詳細な情報を入手することができるという仕組みです。物件明細書等はインターネットでも見

られるようになっており，買受希望者は自宅にいながらにして必要な情報を手に入れることもできます。

入札は，執行官のところに実際に行って入札書を出すこともできますが，郵送での入札も可能です。入札期間経過後に，札を開けていちばん高い値段を付けていた人を買受人とします。買受人はその価格を支払えば，晴れて不動産の所有者となることができ，その後で，その代金を債権者間で分ける**配当**の手続が行われ，不動産執行の手続はめでたく終わるというわけです。

ただ，前にもふれたように，不動産執行手続の大きな課題は，**執行妨害**に対する対策です。やや大げさにいえば，日本の民事執行制度の歴史は，執行妨害との戦いの歴史であるといっても過言ではないほどなのです。執行妨害は，債務者自身が妨害することももちろんありますが，第三者が関与することが多いようです。執行妨害をいわば生業とする占有屋・抗告屋などとよばれる人々（その多くは，暴力団など社会の裏の集団と何らかの関係をもっているようです）が存在するのは，日本社会の特殊な点であり，また恥部ともいえましょう。

具体的な執行妨害の手段としては，かつては競売場で直接他者の競りを妨害するというような露骨なこともされていましたが，これは，前に述べた郵送による入札を認めたことで，ほぼなくなりました。その後，不動産の占有を利用する形態による妨害行為が多くなりました（**占有屋**という名前でよばれています）。これは，恐ろしげな人が不動産を占有することで，買受人が出現するのを防止して担保権者に対して立退料を請求したり，安価な買受けをねらったり，買受人が出た場合にはその者からやはり立退料を取得するような妨害の方法です。そのほか，入札を妨害するため，

物件明細書に暴力団の名刺をはさむとか，買受人のところに街宣車を回して大音響を上げるとかいった妨害方法もとられたようです。

執行妨害対策は，暴力団対策と重なり合うところも多く，暴対法（暴力団員による不当な行為の防止等に関する法律）の活用や刑事罰（恐喝罪・競売妨害罪など）を追及する方法も重要ですが，民事執行法プロパーの問題としては，買受人に簡易な方法で立退請求を認める**引渡命令**の制度や差押債権者の申立てで売却前に占有屋の排除を認める**売却のための保全処分**の制度などが重要です。以前は，所有者以外の占有者に対しては売却のための保全処分が出せないとか（この点の裁判例が区々に分かれていたことは，226頁のコラムも参照してください），引渡命令の対象となる第三者の範囲が不明確であるとかの点で，執行妨害対策としてのこれら制度の実効性には疑問がありました。しかし，1990年代に民事執行法の改正が相次いでなされ，これらの手段はより強力なものに生まれ変わるとともに，他にもさまざまな点で執行妨害対策が図られました。そして，2003年にはより抜本的な担保・執行法制の改革が実現し，従来，執行妨害の温床となっていた**短期賃貸借制度**が廃止されたほか，執行法上の保全処分についてさらに強化を図り，相手方が不特定の場合にも明渡執行を認めるような斬新な改正もされました。

⚫不動産競売からの暴力団排除————————

　以上のような執行妨害の対策は大きな成果を挙げ，現在では執行手続に対する反社会的集団の介入はほぼ根絶されたと言ってもよいでしょう。ただ，それで，不動産競売と暴力団の関係が完全に断たれたわけではありません。もう1つ，暴力団自体が競売で不動産を買い受けるという問題が指摘されています。

これは，暴力団が安く不動産を買うわけではなく，適正な価格で買うものですが，買った不動産を暴力団事務所として使用したり，転売して利益を得たりするものです。民間の不動産市場から排除された暴力団にとって，競売が唯一の不動産取得の方途となっているとされます。しかし，国が運営する市場である不動産競売に暴力団の参加を許しておくことはどう見ても適切ではありません。そこで，2019年の法改正で，暴力団員あるいはその計算で買い受ける者に買受人の資格を認めない規定が導入されました。

　ただ，以上で述べた不動産執行の手続は，不動産上の担保権（主に抵当権）の実行についてはよく当てはまるのですが，判決など債務名義に基づく強制執行では，現実にはあまり問題となりません。というのは，不動産には多くの場合，その価値めいっぱいの抵当権がすでに付いていますので，いざ判決をとって強制執行をしてみようと思っても，一般の債権者にはもう取りぶんが残っていないことが多いからです。こういう場合には，結局売ってみても余りが出ないということで（**無剰余**といいます）手続を途中で取り消すことになってしまいますので，多くの不動産強制執行事件は，このような形での取消しか，または債権者が自発的に取り下げることで終わっています（取消し・取下げによる終了は，全体の強制競売事件の70%以上を占めています）。その意味で，強制執行の観点からみると，不動産執行は（次の動産執行と同じように）間接的に債務者に圧力を加えて債権の回収を図るという機能しか実際上は果たしていない場合が多いといってよいでしょう。

❀動産執行

　動産執行は動産を対象とした強制執行ですが，現実には，平凡

吉の場合がそうであったように，間接的に債務者の任意の支払を強制する役割しか果たさないことが多いのです。これにはいくつかの理由が考えられますが，最大の問題点は，中古の動産について日本には十分なマーケットが存在しないということでしょう。つまり，たとえば冷蔵庫を差し押さえても，それを運んで，倉庫に保管して，どこかで競りをして，ということをやってみても，その費用に十分見合うだけの収益は得られないということです。この問題は，日本人の新品好みの国民性や新品の流通によって成長が支えられてきた経済構造など，日本社会・経済のあり方にまで関わる基本的な問題であり，一執行制度により左右できる部分は小さいと思われます。ただ，今後高度成長は見込めず高齢化が進むなかで，日本社会が急速に変化していき，インターネットオークションなどの活用が進めば，あるいは動産執行のあり方も変わっていく可能性はありましょう。ヨーロッパなどでは，公的な競売場の存在などで，動産執行は実際にも，日本よりは機能しているようです。

　動産執行も，対象物を差し押さえて，それを売却し，売却代金を債権者に配当するという基本的構造については，不動産執行と同じです。動産執行の特殊な点としては，まず**差押禁止動産**というものの存在があります。生活に不可欠な家具，衣類，寝具などを中心に，一定の動産は差押えが禁止されています。債務者の生活保障のための文化国家的な観点からの制限であり，いまの日本では，よく時代劇にでてくるように，高利貸が（娘を連れて行って売り飛ばすことはもちろん）病気の債務者の寝ている布団まで引きはがして持っていってしまうというようなことは許されません。最近の運用では，かなり広い範囲でこの差押禁止が認められてい

るようです。

　また，差し押さえた動産の売却は，不動産の場合の入札とは違って，**競り売り**で行いますが，費用などの関係で，競りは，裁判所などではなく，債務者の家でやるのが普通です（そのため，これを軒下競売などといいます）。したがって，普通の人が競りに参加することはなく，多くの場合は，債務者の親族・友人や差押えの担当執行官と関係のある古物商などが競り落とすことになり，場合によっては，その場で債務者がその物を買い戻すこともあるようです。そのような場合には，実際上，債務者は債務を分割弁済しているのと，機能的には同じことになります。

❀債権執行

　債権は現代社会では重要な資産になっており，通常は担保も付いていませんので，強制執行の対象として大きな意味をもつことになります。たとえば，銀行預金債権は（銀行は必ず払ってくれますので）一般に貴重な執行対象ですし，普通の人が債務者の場合には，さらに給料債権が対象となり，逆に企業が債務者の場合には売掛金債権など営業上の債権が債権執行の対象となります。

　ただ，債権は目に見えないものですから，最大の問題は，前にもふれたように，自分の債務者がどのような債権をもっているのかを調査し，差押えの申立てのためにその債権を特定することにあります。とくに銀行預金の場合，銀行は絶対に顧客の預金の有無や内容を教えてくれませんので，そもそもどの銀行を相手に差し押さえたらよいのかもわかりません。結局，債務者と関係のありそうな銀行を相手方に，手当たり次第に差押えの申立てをするほかありませんでしたが，最近導入された第三者からの情報取得

手続で，銀行に口座情報の照会が可能になっています（244頁の
コラムを参照してください）。また，**給料債権**については差押禁止
の制度があり，給料の4分の3に当たる部分は原則として差押え
ができません（ただし，33万円以上の部分は全部差し押えられます）。
なお，扶養料債権者はとくに保護が必要な債権者ですので，**扶養
料債権**に基づく給料債権執行の場合には，給料の2分の1まで例
外的に差押えが認められています。

　金銭債権の執行では，**換価**の方法として，債権の売却ではなく，
取立てによることが原則となります。ただ，債権執行の大きな特
徴は，債権者に優先的な満足が認められる場合がある点です。こ
れは**転付命令**という制度で，債権者は，差し押えた債務者の債権
を自分に譲ってもらい，その代わりに自分の債権をなかったこと
にしてしまう，というものです。その結果，債務者に対するほか
の債権者は，その債権からはもはや満足を受けることはできなく
なり，差押債権者だけが独占して満足を受けられることになりま
す。ただ，仮に転付命令を受けた債権の債務者が破産してしまっ
たりして，差押債権者がその債権から満足を受けられなくなった
場合でも，もう自分の債権はなかったことになっているわけです
から，差押債権者は債務者の他の財産にはかかっていけません。
いわばハイリスク・ハイリターンの執行方法というわけです。し
たがって，この制度は差し押えられる債権の債務者が十分な資力
を持っている場合（典型的には銀行預金債権など）に，よく用いら
れています。

❀明渡執行・代替執行

　この事件では，平凡吉は幸いなことに勝訴することができまし

たが，もし凡吉が負けていれば，土地を明け渡さなければならなくなるところでした。そのような**明渡し**の強制執行は，いままでみてきたような金銭執行とは違って，債務者を物理的にその土地から追い出し，きれいになった土地を債権者に返すという，ある意味ではプリミティブなやり方がとられます。もちろん，土地を守りたい債務者は必死になって抵抗することが予想されますが，明渡しの執行を担当する執行官は，場合によっては警察官の援助を得ながら（暴力団が債務者であるなど執行妨害が激しい事件では，機動隊が出動することもあります），債務者の抵抗を物理的に鎮圧して，追い出してしまいます。理想的には債務者が納得して自分で出て行くのがいちばんですので，執行官はまず**明渡しの催告**を行って，その後に明渡しの断行という 2 段階の措置をとるのが一般的です。

　また，やはりこの事件のように，土地の上に建物が建っている場合に，債務者が建物を取り壊して，更地にして返さなければいけない義務を負うときには，建物も強制的に壊されることになります。このような強制執行は，債務者の代わりに誰がやっても結果は同じになるということで，**代替執行**とよばれ，実際には執行官が専門業者を雇って家屋を取り壊し，その取壊し費用を債務者から取り立てるという方法で行われます。

🧒の引渡しの強制執行

　　そのほかの執行方法として，最近議論が多いのは，子どもの引渡しの強制執行です。少子化の影響もあり，離婚などの際に，子を夫婦のどちらが引き取るか，紛争になる例が増えています。離婚判決や家事審判の中で一方の親に対して他方に子を引き渡すことが命じられた場合，その親が任意に引き渡さないと，やはり強制執行の問題になりますが，従来，民事執行法には子の引渡執行についての規定がありませんでした。実務では，動産

の引渡しの規定を類推して執行がされていました。確かに子ども
は，よく「動く」ものですが，言うまでもなく「財産」では
なく「人」であり，「動産」として扱うことは相当ではありま
せん。そこで，2019年の改正で子の引渡しの強制執行につい
て明文の規定が設けられました。債務名義の実現を確実にする
ことは重要であり，今回の改正で直接的な引渡しの執行方法が
正面から認められましたが，他方でそれが子の心のトラウマに
なってしまうことは何より問題ですので，子に対して直接威力
を用いることはできないなど慎重な手続とされています。

❊間接強制

　代替執行のように代わりがきかないような内容の債務の場合，
何としても債務者自身に履行をさせる最後の方法として，**間接強
制**という手続があります。典型的には，公害などの場合に，騒音
や振動を出さないように求める差止請求の執行がこれにあたりま
す。この場合，執行官などが実際に債務者のところに行って騒音
等を止めるというのではなく，騒音等が止まらない場合には，そ
の代わりにお金を払わせるという形で，金を支払うのが嫌なら自
分で債務を履行しろ（騒音を出すな）と，まさに間接的に債務の
履行を強制するわけです。払わせるお金（強制金）の額は裁判所
が自由に決めることができ，効果がなければ，額をどんどん引き
上げることもできます。

　このような間接強制は，従来は他に執行方法がない場合の最後
の手段として位置づけられてきました（**間接強制の補充性**といわれ
ます）。しかし，他に執行方法はあっても，債務者に自分で履行
をさせる方が社会的なコストが低いような場合もあります。そこ
で，2003年の民事執行法改正では，間接強制の適用範囲が拡大

されました。すなわち，明渡執行や代替執行が可能である場合に
も，間接強制が認められるようになりました。したがって，明渡
しの執行妨害が強い場合や代替的な債務履行に手間がかかる場合
などには，むしろ間接強制によることも考えられます。さらに，
2004年の改正では，金銭執行が可能である扶養料などの取立て
の場合にも，間接強制が認められることとなりました。このよう
な債務は，定期的な少額のもので，そのつど金銭執行をすること
は実効的ではないし，また債務者の給料債権を差し押さえること
は，債務者の職場での立場を危うくし，かえって扶養料などの回
収に支障を来すような場合も考えられるので，例外的に金銭債権
についても間接強制を容認したものです。

🈦早湾干拓紛争から子の引渡しまで◆間接強制の大活躍◆───

差止請求などを中心として，債務者自身の行為を求めるよう
な訴えが盛んになるにつれ，その執行方法である間接強制も活
用されるようになっています。国の政策に関わる問題としては，
諫早湾を堤防で閉め切って農地を創る干拓事業をめぐる紛争の
中で，周辺海域の漁民が国に対して申し立てた堤防の開門を求
める請求と，干拓地の農民が国に対して申し立てた堤防の開門
の差止めを求める請求の双方が認められ，双方について間接強
制が命じられた事件がありました。国としては，開門をしても
しなくても毎月多額の強制金を支払うという，まさに進退窮ま
った状態に置かれたわけです。このほか，先にみた子の引渡し
などでも間接強制が利用されることがあり，さらに本文で見た
ような適用範囲の拡大もあって，いまや間接強制は引っ張りだ
この執行方法となっています。

【重要な条文】訴訟費用敗訴者負担の原則（法 61 条），訴訟費用額の確定手続（法 71 条），訴訟費用の範囲（民訴費用法 2 条），債務名義（民事執行法 22 条），執行文（同法 26 条），不動産執行の方法（同法 43 条），売却のための保全処分（同法 55 条・55 の 2），売却基準価額の決定（同法 60 条），物件明細書（同法 62 条），暴力団員等の排斥（同法 65 条の 2・68 条の 4），引渡命令（同法 83 条），配当（同法 84 条），動産執行の開始（同法 122 条），差押禁止動産（同法 131 条），債権執行の開始（同法 143 条），差押禁止債権（同法 152 条），転付命令（同法 159 条），少額訴訟債権執行（同法 167 条の 2），扶養債務等についての間接強制（同法 167 条の 15），不動産の引渡しの強制執行（同法 168 条・168 条の 2），代替執行（同法 171 条），間接強制（同法 172 条・173 条），子の引渡しの強制執行（同法 174 条〜 176 条），財産開示手続（同法 196 条以下），第三者からの情報取得手続（同法 204 条以下）

🐾もっと勉強したい人のために──

中野貞一郎 = 下村正明『民事執行法〔改訂〕』（青林書院，2021 年）…民事執行法の標準的な体系書。

上原敏夫ほか『民事執行・保全法〔第 6 版〕』（有斐閣，2020 年）…民事執行法・保全法の簡単な概説書。

伊藤眞 = 園尾隆司編集代表『条解民事執行法〔第 2 版〕』（弘文堂，2022 年）…民事執行法の標準的な注釈書。

山本和彦ほか編『新基本法コンメンタール民事執行法』（日本評論社，2014 年）…民事執行法の簡単な注釈書。

相澤眞木 = 塚原聡編著『民事執行の実務──不動産執行編上・下〔第 4 版〕』『民事執行の実務──債権執行編上・下〔第 4 版〕』（金融財政事情研究会，2018 年）…東京地裁執行部の運用を示した実務書。

エピローグ

──21 世紀半ばの民事裁判──

　以上に紹介してきましたように，わが伯父，平凡吉の訴訟事件
は，幸いなことに伯父の勝訴という結果で，しかもその訴訟費用
まで回収できるという，望むことのできる最高の結果に終わりま
した。ただ，その過程では，普通の一市民である伯父が裁判制度
の現実の前に感じたさまざまな疑問や不安，さらには批判も，こ
の日記には赤裸々に綴られていました。私はこれまであえて，伯
父の目線に立つということで，訴訟が提起された 2020 年頃のこ
とを前提に解説を書いてきました。伯父がこの訴訟にぶつかった
のは，ちょうど 20 世紀の民事司法の総決算として司法制度改革
がされ，その成果が表われていた時期でした。その意味で，21
世紀の民事裁判の基礎はすでにできていました。しかし，その後，
やはり多くの変化があったことも事実です。そこで，この本の最
後では，2060 年のいま現在，民事裁判がどうなっているのかに
ついて私，平凡太郎の目から語り，つたない本書を閉じることに
したいと思います。

❀21 世紀半ばの民事裁判

　平凡吉の時代からこの 40 年ほどでのいちばん大きな変化は，
何といっても法曹資格者の数が増加したことでしょう。司法試験
の合格者の数は，第 10 章でみたように，以前から着実に増やさ

れてきましたが，多くの大学に法科大学院が設置され，**プロセスによる法曹養成**が実現しました。一時期は法曹志望者数が低迷し，司法試験合格者も頭打ちになりましたが，その後 V 字回復し，2060 年現在では，1 年間の新規資格取得者の数は 3000 人にまで増えました。司法制度改革審議会が提言していた人数がついに実現したことになります。行政改革や規制緩和が急速に進み，裁判所も規制緩和社会の基本的なインフラと位置づけられ，裁判官・裁判所書記官の増加や施設の改善が積極的に図られてきました。また，10 万人近くになった弁護士の競争も激化し，それに応じて不祥事も増加していますが，全体としてみれば，利用者からみた司法サービスの質の向上が着実に実現しつつあるといえます。

さらに，とくに注目すべき点として，法曹資格を取得した後に会社や官庁で働く人が急増していることがあります。今では，新しく弁護士になる人の半数以上は企業や国，地方自治体，さらにNPO などの団体に就職しています。これは競争が激しくて，裁判官や検察官への任官や弁護士としての就職・開業が難しくなっていることも原因ですが，社会のいろいろな場面に法曹有資格者が関与する結果となって，社会の法的な規律が強まり，若干ではありますが，法律違反の不祥事も減少してきているように思われます。社会全体の法化（「法の支配」）が着実に進んできたことは間違いのないところでしょう。

民事訴訟プロパーの話題としては，1996 年の民事訴訟法改正は，紆余曲折はありましたが，半世紀余りを経てそれなりの成果を挙げ実務に定着してきたといえると思います。まず，現行の民事訴訟法がめざした**争点整理の充実**という点では，旧法時代の書面の交換から，しっかりとした口頭でのやりとりが普及してきま

257

した。改正後しばらくは，弁論準備期日が書面の交換の場になり，旧法時代の運用の復活のおそれも懸念されましたが，IT化や多くの実務家の努力もあって，いまや口頭での活発な争点整理は常識になっています。また，2003年の民事訴訟法改正によって導入された計画審理も2060年の現在では定着し，訴えを提起した当事者は，だいたいいつ頃に判決が下されるか，かなりはっきりと予測できるようになっています（IT化とともに導入された法定審理期間訴訟手続も活発に使われています）。このことが，従来は訴訟による解決を回避していた当事者（とくに企業）を訴訟の利用に向かわせていることは間違いないと思います。

　そして，何といっても大きな違いは，社会の通信インフラの飛躍的な発展を承けて，訴訟手続でも情報通信網の利用が常識となったことです。争点整理はもちろん，口頭弁論も，裁判所に出ていかなくても各弁護士事務所を結んだ**ウェブ会議**で行うことがほとんどです。証人尋問もウェブ会議で行い，最近ではインターネット中継で公開される結果，弁護士が裁判所に1度も行かないで判決が出たというケースも決して稀ではありません。また，訴状や準備書面等の文書の提出も，裁判所の事件管理システムによりオンラインですることができるようになり，相手方の書面の上に直接自分の意見などを書き込んで，こちら側の準備書面とすることも可能になりました。訴訟記録も電子化され，インターネットで自宅から閲覧ができますし，判決もすべて言渡し直後に仮名化されてインターネットで自由に読めるようになっています。最近では，人工知能（AI）をどのように裁判手続で活用するかが大きな話題となり，さまざまな実証研究が進められています。やがては「AI裁判官」が登場するかもしれません。

また，証拠調べの面でも，1996 年民事訴訟法が企図した集中証拠調べがほぼ完全に定着しています。1996 年法の下では，過払金事件の影響で，訴訟件数が急増急減した後，徐々に事件数が増え，その圧力のため和解がさらに活用された時期もありました。しかし，その後は，裁判官や裁判所書記官の数も急速に増えて，**集中証拠調べ**を行う基盤が整備され，いまでは特別の事情がない限り，集中証拠調べから判決という手続が完全に定着しています。その結果として，審理期間も大幅に短縮され，2059 年現在では，80% の事件は提訴から 6 カ月以内，さらに 95% 以上の事件が 1 年以内で，第一審が終結するに至っています。裁判迅速化法は，いまや当然のことを規定しているに過ぎないものと認識されていますが，定期的に行われている当事者のアンケートによる裁判実務の検証でも，おおむね好意的な評価が多数を占めています。

　和解についても，以前ほどではありませんが，やはり重要な紛争解決手段として活用されています。ただ，かつてのように両当事者と個別に裁判官が接するという交互型の運用は影を潜め，手続的な公正を確保できるように，両当事者対席で和解手続を進めるのがいまや常識となっています。さらに，ウェブ会議を利用して和解交渉を行う場合でも，3 者それぞれが残り 2 人の画面を見ながら「対席」的に行われています。それでも，決して和解の成立率は下がっているわけではないようです。また裁判官も，昔のように事件処理の必要に迫られる部分が少なくなった結果，話合いがつかなければ淡々と判決するという姿勢であまり和解に固執しているわけではないようですが，かえってそれが和解の成立に寄与しているという見方もあります。

　以上のように，第一審での審理が充実してきたため，**控訴**をし

ても控訴審で結果が逆転するのは望み薄であるという認識がわれわれ弁護士の間でも広く実感され，結果として控訴事件は減少しています。単なる引き延ばし目的で理由のない控訴については，裁判所は原則として1回の口頭弁論で審理を打ち切るなど果断な対処をしています。ただ，第一審判決に真に問題があると思われるような事件については，余裕ができた控訴審裁判官が慎重に判断してくれるようになったので，証拠調べなどは前よりも手厚く行われるようになっています。

やはり1996年法の目的であった上告審である最高裁判所の充実，審理の迅速化についても，大きな成果が上がっています。**上告受理**制度で余裕ができた最高裁は自らの判例形成機能を充実させ，従来曖昧になっていた法律問題や最新の法律問題に果敢に取り組み，多くの大胆な判決を出して，いまや最高裁の打ち立てる判例法が立法をリードしているといっても過言ではありません。また，その背景として，下級審の裁判官も人数増加や給源の多様化の影響もあってか，いったん出された最高裁判例を単に墨守するのではなく，さまざまな独創的な考え方を判決の中で提示するようになり，司法全体が活性化してきていることも重要なポイントでしょう。

このように，民事訴訟により当事者の権利を保障する機能は相当に改善されてきましたが，その周辺にある制度についても，やはり法的な救済が充実されてきています。平凡吉が終始こぼしていた弁護士報酬の問題については，**法律扶助**制度が飛躍的に発展し，いまや欧米諸国と比べてもほぼ見劣りがしない，当時に比べれば数十倍の国家予算が投じられていますし，また**弁護士費用**については本格的に一部敗訴者負担方式が導入され，勝訴者の権利

保障が図られています（これには，「世直し」を目的とする政策形成訴訟などについて一定の例外が設けられています）。

　さらに，民事執行の機能の充実も目覚ましく，執行妨害の対策はさらに進められ，債務者の財産開示については，**財産開示制度**に加えて，第三者からの情報提供制度が拡充され，銀行等さまざまな機関は執行裁判所の求めに応じて，債務者の預金等責任財産の内容を開示する必要があることとされ，その範囲も徐々に拡大されてきました。最近では，マイナンバー制度に基づく個人財産データベースに対する債権者のアクセスをどのような条件で認めるかが真剣に議論されています。他方では，債務者の権利の保護も充実され，給料債権の**差押禁止制度**など消費者保護の観点から，制度の改善が施されていますし，不動産の明渡執行では，社会福祉当局との連携が制度化されました。養育費の回収等では，行政が積極的に関与するようになり，司法と行政のハイブリッド的な執行も行われています。また，競売手続などでは相当程度民間が参入することも認められるようになっています。もちろん，なお日々新たな問題が発生し続けていますが（最近では，暗号資産の差押方法が大問題になっています），全体としてみれば，債権者と債務者のバランスのうえで，司法救済機能は格段に充実したといえましょう。

　このような司法の機能の充実は，周辺的な紛争解決方法（第3章でふれた ADR とよばれるものです）にもよい影響を与えています。昔の **ADR** は司法の機能不全に対する不信から作られることが多く，反・法的な制度として，結果として法の普及を阻害する面も大きかったようです。しかし，最近では，むしろ司法との役割分担のなかで，社会全体の正義の総量を拡大するという，本来ある

べき姿に向かってきているという印象を受けます（昔の学者が言っていた「**正義の総合システム**」が本当に実現しつつあるという感じです）。司法制度改革によって仲裁法や ADR 法の制定など法整備が進められた結果，ADR 機関の連携も進み，ADR の担い手が量的・質的に充実し，最近では ADR 士という新しい国家資格も設けられています。ADR に基づく和解による強制執行の制度も活用されています。自動運転や民泊をめぐる新たな紛争はほとんど専門の民間型 ADR で解決されるなど ADR は社会の中に完全に定着しています。最近では，ある種の紛争について，まず AI が解決内容をアドバイスし，その次に人間が調停や仲裁をオンラインで行い，紛争解決がオンライン上で完結するシステム（ODR（Online Dispute Resolution）とよばれます）も続々と登場しています。今後も裁判所とよい意味で競争しながら，裁判外でも関係者の権利保障がさらに進んでいくことが期待されています。

　このように，2060 年の司法は 21 世紀初頭の司法に比べて大きく発展したといえますが，あらゆる制度は生き物です。少しでも気を緩めると，すぐにまた元の木阿弥になってしまうことは歴史が教えています。今後も気を緩めることなく，さらなる制度の充実改善のために，司法関係者の努力が続けられていくことを，いまは弁護士もやめて単なる一制度利用者となった私からも強く期待をしておきたいと思います。その意味で，21 世紀初頭の民事裁判の現実の姿を，全くの素人の目から活写したこの本が，そのような制度の改善のための手がかりとなれば，地下の凡吉も，もって瞑すべしといえましょう。

　　　2060 年秋

　　　　　　　　　　　　　　　　　　　　　　　平　凡　太　郎

あ と が き

　私がこのような本を書こうと思った動機は，私の学生時代の印象にさかのぼります。大学の法学部の3年生で民事訴訟法を勉強し始めた私は，その学問として面白さを感じながら，いろいろな教科書や論文などを見ても，実際に民事訴訟がどのように進められているのか，はっきりとした印象が得られず，もどかしい思いをしたことをよく覚えています。そこで，民事訴訟法の研究者となったときに，自分が教科書を書く際には，裁判の実際がもっとビビッドに理解できるようなものをぜひ書きたいと思っていました。ところが，実際に自分で教科書の一部を書いてみると（上原敏夫 = 池田辰夫 = 山本和彦『民事訴訟法〔第2版補訂〕』（有斐閣Sシリーズ・1999年，第7版・2017年）），教科書のなかではそのような試みは難しいことに気づきました。教科書では，その性質上やはり必要最小限の問題にはふれざるをえず，取捨選択できる情報の量というのは，おのずから限られているからです。そこで，この本では，裁判の実際をビビッドに伝えるという一点に絞って，叙述を工夫してみたつもりです。その意味で，この本は，私の学生時代からの宿願を果たす思いを込めたものです。もちろん，裁判実務の経験のない者がこのような本を書くことにはさまざまな限界があり，思わぬ間違いが含まれていることをおそれていますが，少なくとも私自身のもっている裁判のイメージ，研究生活のなかで感じた感動，失望，驚き，意外感などの一部を伝えることがで

きたものと思っています。

　この本を書くについては，多くの人のお世話になりました。特に，書斎の窓の連載時代に毎回原稿を読んでいただいた山田文助教授（岡山大学）にお礼を申し上げます。華田薫判事補が昼休みにコンビニで買ったお握りではなくてカロリーメイトを食べていると教えてくれたのは，彼女です。また，奈良次郎教授（日本大学）には，いろいろな研究会で実務的なものの見方を教えていただいたほか，とくに書斎の窓の原稿についてご論文中で引用を頂き，過分な評価を頂戴したこと（奈良次郎「裁判所の立場と訴訟代理人・弁護士の立場との相違について（上）」判時 1592 号 20 頁注 2）がこの本を作るについて，大きな支えとなりました。さらに，お忙しいなか，原稿段階でお目通しをいただき，貴重なご助言を頂戴した塩谷國昭弁護士（東京弁護士会）には厚くお礼を申し上げます。河野憲一郎君（一橋大学大学院）にも，学生の観点から原稿にチェックを入れてもらいました。また，個々にお名前を挙げることはできませんが，やはり原稿を見ていただいた裁判官の方々にも心からの謝意を表します。

　有斐閣編集部の方々にも大変お世話になりました。とくに，書斎の窓の連載中に多くのご助言をいただいた吉田和男氏，馬場喜信氏に感謝を申し上げます。また，竹前洋氏のお勧めがなければ，書斎の窓に連載をすることもなかったでしょうし，この本を公にすることもなかったでしょう。心からの感謝を申しあげます。さらに，この本が少しでもお洒落な見やすいものに仕上がっているとすれば，その功績は挙げて佐藤文子氏にあります。お礼の言葉もありません。

最後に，この本を私の父・山本博，母・山本孝子に捧げること
をお許しください。

　　　1999 年 6 月

　　　　　　　　　　　　　　　　　　　山 本 和 彦

事 項 索 引

268

【有斐閣選書】

よくわかる民事裁判〔第4版〕── 平凡吉訴訟日記

1999 年 7 月 20 日　　初　版第 1 刷発行	2018 年 11 月 30 日　第 3 版第 1 刷発行
2005 年 4 月 15 日　　第 2 版第 1 刷発行	2023 年 3 月 5 日　　第 4 版第 1 刷発行
2008 年 8 月 5 日　　第 2 版補訂第 1 刷発行	

著　者　　山本和彦

発行者　　江草貞治

発行所　　株式会社有斐閣

　　　　　〒101-0051 東京都千代田区神田神保町 2-17

　　　　　http://www.yuhikaku.co.jp/

装　丁　　与儀勝美

印　刷　　大日本法令印刷株式会社

製　本　　大口製本印刷株式会社

装丁印刷　株式会社亨有堂印刷所

落丁・乱丁本はお取替えいたします。定価はカバーに表示してあります。
©2023, K. Yamamoto.
Printed in Japan ISBN 978-4-641-28153-0